**Mosaik**
bei GOLDMANN

## Buch

Das erste Lebensjahr eines Babys ist entscheidend für seine geistige und soziale Entwicklung, denn in dieser Zeit bildet sein Gehirn die meisten neuronalen Verbindungen. Basierend auf neuesten Erkenntnissen der Gehirnforschung zeigen die 125 fantasievollen Förderspiele von Jackie Silberg, wie Eltern schon direkt nach der Geburt den Grundstein für Intelligenz, Lernfähigkeit und Kreativität ihres Kindes legen können. Ein Buch voller Ideen, das viele abwechslungsreiche und lustige Spiele vorstellt, die Spaß machen und zugleich die positive Entwicklung des kindlichen Gehirns fördert.

## Autorin

Jackie Silberg, selbst Mutter und Großmutter, beschäftigt sich seit vielen Jahren in zahlreichen Büchern und Vorträgen mit der frühen geistigen Förderung von Kindern durch Spielen, Singen und Bewegung.

# JACKIE SILBERG

# Förderspiele für Babys

125 Ideen, wie Eltern
die Entwicklung ihres Kindes
liebevoll unterstützen können

Aus dem Amerikanischen
von Beate Gorman

**Mosaik**
bei GOLDMANN

*Umwelthinweis:*
Alle bedruckten Materialien dieses Taschenbuches
sind chlorfrei und umweltschonend.


Deutsche Erstausgabe März 2001
© 2001 der deutschsprachigen Ausgabe
Wilhelm Goldmann Verlag, München
in der Verlagsgruppe Bertelsmann GmbH
© 1999 Jackie Silberg
Originaltitel: Brain Games for Babys
Originalverlag: Gryphon House, Inc. Beltsville, Maryland
Illustrationen: Backy Malone
Umschlaggestaltung: Design Team München
unter Verwendung folgender Fotos:
Umschlag: Zefa/Meyer
Umschlaginnenseiten: Zefa/Sharpshooters
Redaktion: Petra Preis
Satz/DTP: Martin Strohkendl
Druck: Presse-Druck Augsburg
Verlagsnummer: 16322
kö · Herstellung: Max Widmaier
Made in Germany
ISBN 3-442-16322-6
www.goldmann-verlag.de

1 3 5 7 9 10 8 6 4 2

### *Widmung*

*Dieses Buch ist all jenen glücklichen
Menschen gewidmet, die ihre Zeit mit Babys
verbringen können. Es macht viel Freude,
die Entwicklung des Babys zu fördern und seine
Fortschritte zu registrieren. Dies wird Ihr Leben
von Tag zu Tag mit mehr Bedeutung erfüllen.
Geben Sie Ihrem Baby einen
dicken Kuss von mir!*

# Inhalt

# *Einführung*

Es macht mir Freude, mit meinem zwei Monate alten Enkel zu spielen. Sein Gurren und Lächeln bringen mein Herz zum Schmelzen. Er genießt es, auf den Arm genommen und gewiegt zu werden, und er mag Streicheln und Schmusen. Früher habe ich in solchen Situationen nur gesagt: »Ist er nicht süß?« oder »Was für ein kleiner Schatz!«, aber heute weiß ich, dass Schmusen und Wiegen, Singen und Liebkosen wichtig ist für die gesunde Hirnentwicklung eines Babys.

Bereits im Alter von drei Jahren haben sich bei einem Kleinkind 1000 Billionen Verbindungen gebildet – etwa zweimal so viele, wie bei den meisten Erwachsenen überhaupt vorhanden sind. Einige Gehirnzellen, die als Neuronen bezeichnet werden, wurden bereits vor der Geburt mit anderen Zellen »verdrahtet«. Sie steuern Herzschlag, Atmung und Reflexe des Babys und regulieren andere, für das Überleben wichtige Funktionen. Die restlichen Gehirnverbindungen warten nur darauf, »angeschlossen« zu werden.

Die Verbindungen, die Neuronen miteinander eingehen, werden als Synapsen bezeichnet. Obwohl sich verschiedene Teile des Gehirns unterschiedlich schnell entwickeln, haben Forschungsstudien immer wieder gezeigt, dass die Hauptproduktionszeit für Synapsen in die Zeit von der Geburt bis zum zehnten Lebensjahr fällt. In dieser Zeit wachsen die Rezeptoren der

Nervenzellen, die so genannten Dendriten, und bilden Verzweigungen, um viele Billionen Synapsen zu bilden. Eine Zelle kann mit 10 000 anderen Zellen verbunden sein. Das Gewicht des Gehirns verdreifacht sich bis zum 10. Lebensjahr und erreicht fast die Größe des erwachsenen Gehirns. Zeiten, in denen es in bestimmten Teilen des Gehirns zur schnellen Synapsenproduktion kommt, scheinen der Entwicklung von Verhaltensformen zu entsprechen, die mit diesen Gehirnteilen verbunden sind. Wissenschaftler glauben, dass die Stimulation, die Babys und Kleinkinder erhalten, festlegt, welche Synapsen sich im Gehirn bilden, das heißt, welche Pfade zwischen den Nervenzellen angeschlossen werden.

Wie weiß das Gehirn überhaupt, welche Verbindungen es aufrechterhalten soll? Hier spielen frühe Erfahrungen eine Rolle. Wenn eine Verbindung in den ersten Lebensjahren wiederholt eingesetzt wird, bleibt sie permanent erhalten. Andererseits wird eine Verbindung, die überhaupt nicht oder nicht oft genug genutzt wird, wahrscheinlich nicht überleben. Wenn mit einem Kind in den ersten Lebensjahren nur selten gesprochen oder wenn ihm nur selten etwas vorgelesen wird, könnte es später Schwierigkeiten haben, sprachliche Fähigkeiten zu entwickeln. Ein Kind, mit dem nur selten gespielt wird, könnte Probleme mit der sozialen Anpassung bekommen, wenn es heranwächst. Das Gehirn eines Säuglings gedeiht durch Feedback aus seiner Umgebung und wird durch seine Erfahrungen zu einem denkenden und empfindsamen Organ. Die Schaltungen, die sich im Gehirn bilden, beeinflussen die Entwicklung des Kindes also enorm. Wenn ein Kind von Geburt an Erfahrungen mit Sprechen und der Sprache gemacht hat, wird es sehr gut sprechen lernen. Wenn die Eltern lächelnd auf das Gurren ihres Babys reagieren, statt apathisch zu wirken, wird es wahrscheinlich zu einem emotionell zugänglichen Menschen heranwachsen.

Die Wissenschaftler haben in den letzten zehn Jahren mehr über die Funktionsweise des menschlichen Gehirns gelernt als jemals zuvor. Die Entdeckung, dass sich die frühkindlichen Erfahrungen tiefgreifend auf das Gehirn des Säuglings auswirken, ändern unsere Sichtweise, was die Bedürfnisse von Kindern anbetrifft.

Jüngste Forschungsergebnisse belegen Folgendes: Erstens hängt die Fähigkeit des Menschen, in unterschiedlichen Umgebungen zu lernen und zu gedeihen, von der Wechselwirkung zwischen Natur (genetische Ausstattung) und Erziehung (Fürsorge, Stimulation und Unterricht, den der Betroffene empfängt) ab. Zweitens kommen dem menschlichen Gehirn aufgrund seines einzigartigen Aufbaus positive Erfahrungen in den ersten Lebensjahren zugute. Und drittens lernt der Mensch sein ganzes Leben lang, obwohl die Fähigkeit dazu in den ersten Lebensjahren am größten ist.

Die Gehirnverbindungen bei einem Baby entwickeln sich am besten, wenn seine Bedürfnisse gestillt werden. Dies beginnt mit der fürsorglichen Pflege seiner aufmerksamen Eltern und anderer Bezugspersonen. Babys brauchen eine sichere Umgebung, deren Erforschung interessant ist, und Menschen, die auf die emotionalen und intellektuellen Bedürfnisse des Kindes eingehen. Menschen, die ihm vorsingen, mit ihm schmusen, mit ihm sprechen, es wiegen und ihm vorlesen, statt ihm in schneller Folge irgendwelche Karten vor das Gesicht zu halten. Die Gehirnverbindungen dienen nicht dazu, frühes Lernen zu fördern, sondern um das Potenzial für zukünftiges Lernen zu entwickeln. Wenn die Gehirnentwicklung nach Plan abläuft, wird das spätere Lernen mit großer Wahrscheinlichkeit von

Erfolg gekrönt sein. Alle Spiele in diesem Buch tragen zur Entwicklung der Gehirnkapazität von Babys bei. Sie sind die Bausteine des zukünftigen Lernens – also ein guter Anfang für Babys. Und außerdem machen sie viel Spaß!

Es war eine aufregende Erfahrung für mich, dieses Buch zu schreiben. Ich glaube, dass alle, die mit Babys zu tun haben, die erstaunlichen Kapazitäten bemerken, die bei ihnen vorhanden sind. Jetzt bestätigt die Wissenschaft viele Dinge, die jeder Mutter und jeder Vater bereits instinktiv wusste. Jedes Mal, wenn ich mit einem Baby spiele und sehe, wie es mit einem Schlüsselbund rasselt, auf den Tisch klopft oder nach einem Gegenstand greift, den ich in der Hand halte, denke ich: »Toll, in seinem Gehirn bauen sich wichtige Verbindungen auf.« Ich wünsche Ihnen, dass Sie dieses Gefühl bei Ihrem Baby immer wieder erleben werden.

# Von der Geburt
# bis zum dritten Lebensmonat

# Spiele für Neugeborene

**Was die Gehirn- forschung sagt**
Je sanfter Sie das Neugeborene stimulieren, desto größer ist die An- zahl von Gehirn- synapsen und Verbindungen, die entstehen.

- Schon Säuglinge, die erst einen Tag alt sind, erkennen die Stimmen ihrer Eltern. Wenn Sie während der Schwanger- schaft regelmäßig Ihren Bauch gestreichelt und mit Ihrem Baby gesprochen haben, erkennt es den Klang Ihrer Stimme sofort nach der Geburt.

- Wenn das Neugeborene auf dem Rücken liegt, stellen Sie sich an eine Seite des Bettchens und rufen seinen Namen.

- Wiederholen Sie seinen Namen, bis es die Augen bewegt oder den Kopf zu Ihnen dreht.

- Stellen Sie sich an die andere Seite des Bettchens, und rufen Sie seinen Namen erneut.

- Massieren Sie sanft den Körper des Babys, während Sie Ihrem Kind in die Augen schauen, es anlächeln und seinen Namen sagen.

# Mein Kuschelmäuschen, ich hab dich lieb!

**Was die Gehirnforschung sagt**
Untersuchungen zeigen, dass sich das Neugeborene umso sicherer fühlt, je mehr man es im Arm hält und mit ihm schmust. Wenn es älter ist, führt dieses liebevolle Verhalten zu größerer Unabhängigkeit.

- Halten Sie Ihr Baby im Arm, und wiegen Sie es sanft hin und her.
- Während Sie es wiegen, sagen Sie: »Mein Kuschelmäuschen, ich hab dich lieb« oder etwas Ähnliches, das Ihnen spontan einfällt.
- Bei dem Wort »dich« küssen Sie einen Körperteil – den Kopf, die Nase oder die Zehen.
- Wenn Ihr Baby älter wird, bittet es Sie vielleicht darum, dieses Spiel mit ihm zu spielen.
- Durch dieses Spiel wird die Eltern-Kind-Bindung positiv gefördert.

# Mit dem Baby sprechen

**Was die Gehirnforschung sagt**
Babys reagieren auf die elterliche Sprache – jene hohe Stimme, die an Erwachsenen zu beobachten ist, wenn sie mit einem Baby sprechen.

- Wenn Sie auf diese Weise mit Säuglingen sprechen, kommunizieren Sie mit ihnen und ermutigen sie zu stimmlichen Reaktionen. Dadurch werden die Sprachfähigkeiten gefördert.
- Sagen Sie Dinge wie »Du bist ein süßes kleines Baby!« oder »Schau dir die zehn kleinen Zehen an!«
- Während Sie mit Ihrem Baby sprechen, halten Sie es nah an Ihr Gesicht und schauen ihm direkt in die Augen.

# Beruhigende Musik

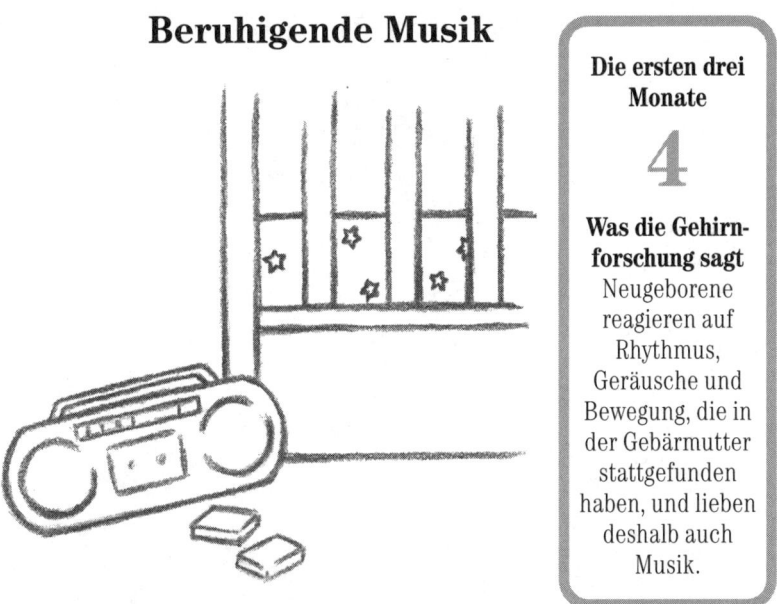

- Stellen Sie einen kleinen Kassettenrekorder in der Nähe des Kinderbettchens auf.
- Wählen Sie sanfte Instrumentalmusik oder Wiegenlieder.
- Musik, bei der sich die Melodie wiederholt, ist für den Säugling sehr beruhigend, weil sie ihn an Geräusche erinnert, die er in der Gebärmutter gehört hat.
- Nehmen Sie die Geräusche der Geschirrspülmaschine auf, und spielen Sie sie Ihrem Baby vor: Dieses Geräusch erinnert ebenfalls an die Zeit im Mutterleib.

# Das Pustespiel

**Was die Gehirnforschung sagt**
Die Forschung beweist, dass positive Sinneserfahrungen und soziale Interaktion mit Erwachsenen die kognitiven Fähigkeiten des Babys stärken.

- Bei diesem Spiel wird sich der Säugling seiner verschiedenen Körperteile bewusst.
- Pusten Sie leicht auf die Handflächen des Babys. Beim Pusten sagen Sie folgende Worte in einer Art Singsang:
  *Das sind die Patschhändchen.*
- Dann küssen Sie die Handflächen sanft.
- Pusten Sie auch auf andere Körperteile. Die meisten Babys mögen es, wenn man leicht auf die Ellbogen, Finger, den Nacken, die Wangen und die Zehen pustet.

# Spiele ohne Worte

**Was die Gehirn-forschung sagt**
Berührungen, auf den Arm nehmen und Schmusen beruhigen das Baby nicht nur, sondern fördern auch das Wachstum seines Gehirns.

- Kommunizieren Sie mit Säuglingen, indem Sie ihnen direkt in die Augen schauen, sie nah an Ihren Körper halten und auf die Geräusche, die sie machen, reagieren.
- Halten Sie Ihr Baby eng an sich, wodurch sich die sichere Bindung entwickelt, die für das weitere Wachstum so wichtig ist.
- Drücken Sie Ihr Baby eng an sich, und gehen Sie mit ihm im Zimmer spazieren.
- Bleiben Sie stehen, und schauen Sie Ihrem Liebling in die Augen. Lächeln Sie, und reiben Sie Ihre Nase an die seine.
- Gehen Sie weiter, und halten Sie wieder inne. Wiederholen Sie dies mehrere Male.

# Schmusen und Küssen

**Was die Gehirn-
forschung sagt**
Die Fähigkeit
eines Kindes,
seine Gefühle zu
kontrollieren, ist
abhängig von
frühkindlichen
Erfahrungen und
Bindungen.

- Die Art und Weise, wie wir Säuglinge berühren, behandeln und für sie sorgen, kann große Auswirkungen auf ihr späteres Verhalten als Erwachsene haben. Dieses Spiel vermittelt Ihrem Baby ein Gefühl von Sicherheit und Geborgenheit.
- Singen Sie, während Sie Ihr Baby wiegen und küssen:

    *Wenn ich sanft dich trage,*
    *wiege, wiege Waage.*
    *Fest in meinen Armen,*
    *bist du ganz im Warmen.*

- Wenn Sie bei Ihrem Baby die Windel wechseln, können Sie dieses Lied singen und seine Nase, die Zehen und die Finger küssen.

# Hier ist mein Finger!

**Was die Gehirn-forschung sagt**
Schon das Greifen nach einem Gegenstand unterstützt die Entwicklung der Koordination von Händen und Augen.

- Dieses Spiel stärkt die Hände und Finger des Babys.
- Nehmen Sie Ihr Baby auf den Schoß.
- Legen Sie Ihren Zeigefinger auf seine Handfläche.
- Wahrscheinlich wird es nach Ihrem Finger greifen, da dies bei Neugeborenen ein ganz natürlicher Reflex ist.
- Jedes Mal, wenn es nach Ihrem Finger greift, sagen Sie positive Dinge wie : »Wunderbar, mein Mädchen!« oder »Du bist aber stark!«
- Dieses Spiel fördert auch die Fähigkeit, einen Gegenstand mit den Augen zu verfolgen.

# Hallo!

**Was die Gehirn-forschung sagt**
Bei der Geburt können Babys am besten auf eine Entfernung von 20 bis 30 Zentimeter sehen.

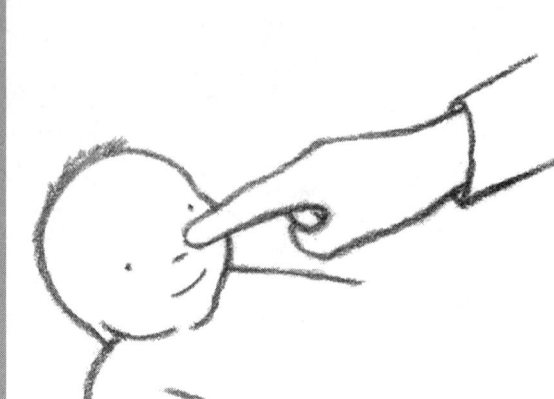

- Ihr Baby wird zufrieden sein, wenn es Ihr Gesicht sehen kann.
- Sprechen Sie den folgenden Vers, wobei Sie Ihr Gesicht nah an das Ihres Babys halten:

  *Ich sage deiner Stirn guten Tag.*
  *Ich sage deiner Nasenspitze guten Tag.*
  *Ich sage deiner linken Wange guten Tag.*
  *Ich sage deiner rechten Wange guten Tag.*
  *Ich sage deinem Kinn guten Tag.*

  Erst die Stirn, dann die Nasenspitze, die Wangen und schließlich das Kinn küssen.
- Wiederholen Sie diesen Vers und erwähnen Sie in den letzten beiden Zeilen jeweils andere Bereiche seines Gesichts – die Ohren, Augen, Wangen und Lippen.

# Wo ist es?

**Die ersten drei Monate**

# 10

**Was die Gehirn-forschung sagt**
Die Neuronen für die Sehfähigkeit bilden sich bereits in den ersten Lebensmonaten. Aktivitäten, die das Sehen stimulieren, sorgen für eine gute Entwicklung der Sehfähigkeit.

- Halten Sie Ihrem Baby ein helles, buntes Tuch vor die Augen.
- Bewegen Sie es langsam hin und her, und erklären Sie, wie schön bunt es ist.
- Wenn Sie sich sicher sind, dass Ihr Baby das Tuch auch sieht, bewegen Sie es langsam zur Seite.
- Lassen Sie es hin und her pendeln, damit das Baby es mit den Augen gut verfolgen kann.
- Spielen Sie dieses Spiel regelmäßig und möglichst oft: Damit unterstützen Sie das Wachstum der Gehirnkapazität!

*Anmerkung:* Wie bei allen Spielen sollten Sie darauf achten, ob Ihr Baby des Spielens müde wird und sich ausruhen oder etwas anderes spielen möchte.

# Nachahmen

**Die ersten drei Monate**

## 11

**Was die Gehirnforschung sagt**
Im Alter von zwei Monaten können Babys bei Menschen bereits die unterschiedlichen Gesichtsmerkmale unterscheiden.

- Babys studieren gerne Gesichter, speziell die Gesichter der Menschen, die sie lieben.
- Probieren Sie verschiedene Gesichtsausdrücke und Geräusche aus, um Sehvermögen und Gehör Ihres Babys zu fördern.
- Hier einige Vorschläge:
  - Singen Sie ihm ein Lied vor, und machen Sie dabei übertriebene Mundbewegungen.
  - Zwinkern Sie mit den Augen.
  - Strecken Sie die Zunge heraus.
  - Formen Sie komische Mundbewegungen.
  - Machen Sie Geräusche mit den Lippen.
  - Husten oder gähnen Sie.

# Das Rasselspiel

**Die ersten drei Monate**

**12**

**Was die Gehirn-forschung sagt**
Das Gehirn eines Säuglings gedeiht, wenn es Feedback aus seiner Umgebung erhält. Es entwickelt sich auf der Grundlage der frühkindlichen Erfahrungen zu einem denkenden und emotionalen Organ.

- Halten Sie Ihrem Baby eine Rassel vors Gesicht, und schütteln Sie sie leicht.
- Während Sie die Rassel bewegen, singen Sie ein Lied, das Ihnen gerade einfällt, oder die folgenden Zeilen zu der Melodie von »Old MacDonald hat 'ne Farm«:

  *Rassel, rassel, schüttel, schüttel, I-EI-I-EI-O,*
  *Rassel, rassel, schüttel, schüttel, I-EI-I-EI-O.*

- Wenn Sie sich sicher sind, dass Ihr Baby die Rassel beobachtet, bewegen Sie sie langsam zur Seite und singen das Lied erneut.
- Bewegen Sie die Rassel in verschiedenen Ecken des Zimmers, und beobachten Sie, wie Ihr Baby der Geräuschquelle den Kopf zuwendet.
- Geben Sie dem Baby die Rassel in die Hand, und singen Sie das Lied erneut.
- Babys lieben Lieder, und später, wenn sie selbst sprechen können, werden sie versuchen, das Gehörte nachzusingen.

# Das Hutspiel

**Was die Gehirn-forschung sagt**
Im Alter von einem Monat können Babys etwa einen Meter weit sehen und interessieren sich sehr für das, was um sie herum vorgeht.

- Das Gesicht der Mutter ist eines der ersten Dinge, das Ihr Baby wiedererkennen wird.
- Versuchen Sie, das Hutspiel mit Ihrem Baby zu spielen. Es wird Ihr Gesicht erkennen, und gleichzeitig wird sein Seh-vermögen angeregt.
- Wählen Sie verschiedene Hüte aus. Während Sie die ver-schiedenen Hüte aufsetzen, sagen Sie Folgendes:

> *Steht mir gut*
> *dieser Hut!*
> *Schau mich an*
> *dann und wann.*

- Erst einen Hut aufsetzen und das Baby damit zum Staunen bringen. Oder eine große Schleife ins Haar binden. Oder ein Kopftuch umbinden.

# Sensorische Erfahrungen

**Was die Gehirn-
forschung sagt**
Was Babys sehen
und riechen, führt
zur Bildung von
Verbindungen im
Gehirn. Speziell
dann, wenn diese
Erfahrungen auf
liebevolle und
beständige Weise
gemacht werden.

- Wenn Ihr Baby vielen verschiedenen Empfindungen ausgesetzt ist, wird es sich selbst und seiner Umwelt stärker bewusst.
- Versuchen Sie, die Arme Ihres Babys mit verschiedenen Stoffen in Berührung zu bringen. Satin, Wolle und Frottee sind ein guter Ausgangspunkt.
- Geben Sie Ihrem Baby Gelegenheit, mit verschiedenen Gerüchen zu experimentieren. Gehen Sie nach draußen, und riechen Sie an einer Blume. Lassen Sie das Kleine an einer frisch geschälten Orange schnuppern.

*Anmerkung:* Achten Sie darauf, dass Sie Ihr Baby nicht zu stark stimulieren. Beobachten Sie alle Reaktionen, die zeigen, dass Ihr Baby die Lust am Spielen verloren hat.

# Schatten

**Was die Gehirnforschung sagt**
Die Neuronen für die Sehfähigkeit bilden sich etwa im Alter von zwei Monaten. Durch die Stimulation der Sehkraft werden optische Verbindungen hergestellt.

- Säuglinge wachen nachts öfter auf.
- Schatten, die von einer schwachen Lampe auf die Wand geworfen werden, sind interessante Formen, die Ihr Baby beobachten kann.
- Wenn Sie ein buntes Mobile so aufhängen können, dass es Schatten wirft, helfen Sie Ihrem Baby bei der Entwicklung des Sehvermögens.
- Wenn Ihr Kind etwas älter wird, machen Sie Schattenspiele mit den Händen.

# Ein Baby sein

**Was die Gehirn-forschung sagt**
Positive emotionale, körperliche und geistige Erfahrungen sind für das Wachstum eines gesunden Gehirns sehr wichtig.

- Wenn Sie besser verstehen wollen, wie Ihr Baby die Welt sieht, spielen Sie selbst einfach mal Baby!
- Untersuchen Sie die Welt so, wie Ihr Baby es tut.
- Legen Sie sich auf den Rücken, und betrachten Sie die Welt aus seiner Lage.
- Was sehen, hören und riechen Sie jetzt?
- Gehen Sie in ein anderes Zimmer oder nach draußen, um zu hören, zu schauen und zu riechen.
- Aktivitäten wie diese geben Ihnen viele Anregungen für Spiele, die Sie mit Ihrem Baby spielen können, um seine Entwicklung zu fördern.

# Das Drehspiel

**Was die Gehirn-forschung sagt**
Wenn Babys verschiedenen Sehfeldern aus-gesetzt werden, entwickeln sich die Koordination von Händen und Augen und der Gleichgewichts-sinn. Beide sind Voraussetzungen für Krabbeln und Laufen.

- Wenn Sie Ihr Baby in verschiedene Richtungen drehen, ent-wickeln sich bei ihm Raumbewusstsein und das Gleichge-wichtsgefühl.
- Versuchen Sie, Ihr Baby folgendermaßen zu drehen:
  - Halten Sie es auf den Armen, und stützen Sie seinen Kopf, während Sie sich mit ihm im Kreis drehen.
  - Halten Sie es mit dem Rücken an Ihren Körper.
  - Tragen Sie es dann so, dass es Ihr Gesicht gut anschauen kann.
- Während Sie sich in verschiedene Richtungen drehen, sin-gen Sie ihm Kinderlieder vor.

# Fahrrad fahren

**Die ersten drei Monate**

**18**

**Was die Gehirn-forschung sagt**
Das Gehirn eines Säuglings gedeiht, wenn es Feedback aus seiner Umgebung erhält. Es entwickelt sich auf der Grundlage der frühkindlichen Erfahrungen zu einem denkenden und emotionalen Organ.

- Legen Sie Ihr Baby auf den Rücken, und bewegen Sie seine Beine so, als ob Sie Fahrrad fahren würden.
  *Anmerkung:* Führen Sie die Bewegungen mit seinen Beinchen nie gewaltsam aus. Wenn es nicht mitmachen mag, probieren Sie etwas anderes aus.
- Singen Sie fröhliche Melodien, während Sie seine Beine bewegen.
- Versuchen Sie, ein einfaches Lied zu erfinden. Hier der Vorschlag eines Textes, den Sie zu einer beliebigen Melodie singen können:

> *Fahr, fahr, fahr das Rad*
> *die Straße auf und ab.*
> *Die Straße auf und ab*
> *fahr'n wir mit dem Rad.*

# Beuge die Knie!

**Was die Gehirn-forschung sagt**
Die Stärkung der Oberschenkel-muskulatur beim Baby ist wichtig für spätere Aktivitäten wie Krabbeln und Laufen.

- Legen Sie Ihr Baby auf den Rücken, und ziehen Sie vorsichtig beide Beine gerade.
- Wenn die Beine gerade sind, klopfen Sie leicht auf seine Fußsohlen.
- Ihr Baby wird die Zehen nach unten strecken und die Knie beugen.
- Den folgenden Spielvers beim ›Turnen‹ mitsingen:

> *Komm, turn mit,*
> *halt dich fit.*
> *Beine strecken.*
> *Beine recken.*
> *Komm, nur Mut,*
> *du bist gut!*

- Enden Sie den Reim mit einem beliebigen Hochruf. Ihr Baby wird darauf warten, was das Spiel noch aufregender macht!

# Geschichten rund um die Zunge

**Die ersten drei Monate**

**20**

**Was die Gehirnforschung sagt**
Wenn mit einem Baby viel gesprochen wird, »verdrahten« sich die Neuronen der Ohren mit dem Teil des Gehirns, in dem sich der Gehörsinn befindet.

- Nehmen Sie Ihr Baby auf den Arm.
- Schauen Sie ihm in die Augen, und strecken Sie die Zunge heraus. Machen Sie dabei komische Geräusche.
- Lassen Sie die Zunge wieder im Mund verschwinden.
- Wiederholen Sie das Ganze, und machen Sie dieses Mal ein anderes Geräusch.
- Ganz kleine Babys werden oft versuchen, selbst die Zunge herauszustrecken.

# Anstarren

**Was die Gehirn-forschung sagt**
Die Kommunikation mit Ihrem Baby unterstützt die Neuronen in seinem Gehirn dabei, Verbindungen herzustellen, die für die Sprachentwicklung wichtig sind.

- Es macht Spaß, ein Baby anzustarren. Sie werden sehen: Es wird direkt zurückstarren!

- Wenn Sie sich sicher sind, dass das Kleine Ihnen seine Aufmerksamkeit schenkt, ändern Sie den Gesichtsausdruck. Lächeln Sie, machen Sie ein Geräusch oder ziehen Sie die Nase kraus.

- Freuen Sie sich über die Reaktion Ihres Babys, während es Ihr Gesicht beobachtet. Es wird wahrscheinlich aufgeregt reagieren und die Augen weiter aufreißen oder seine Arme und Beine bewegen.

# Wechselnde Stimmlagen

**Was die Gehirn-forschung sagt**
Bereits im Mutterleib kann ein Fötus mensch-liche Stimmen unterscheiden.

- Die Gehirnforscher sagen, dass sich die Herzfrequenz eines Babys erhöht, wenn es eine hohe Stimme hört (so wie Eltern sie einsetzen) – ein Anzeichen dafür, dass es sich geborgen fühlt und sich freut.
- Wenn Sie mit tieferer Stimme sprechen, wird Ihr Baby ruhiger, und es ist zufrieden.
- Versuchen Sie, ein Lied mit hoher Stimme zu singen, und wiederholen Sie dasselbe Lied mit tieferer Stimme. Achten Sie darauf, wie Ihr Baby auf die verschiedenen Stimmlagen reagiert.

# Windellieder

**Was die Gehirnforschung sagt**
Wenn man Babys vorsingt, baut sich leichter eine emotionale Bindung zwischen Eltern und Kind auf.

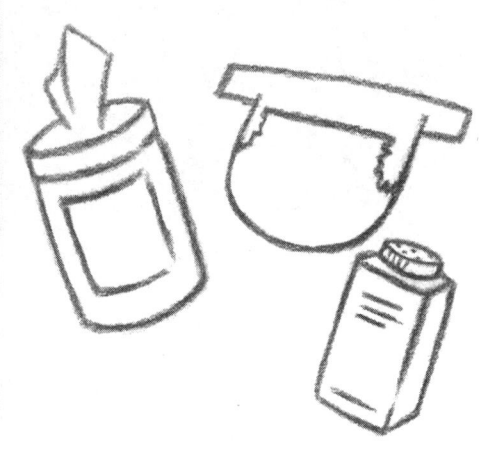

- Ihrem Baby etwas vorzusingen, während Sie seine Windel wechseln, ist eine wunderbare Gelegenheit der Kommunikation.
- Lächeln Sie beim Singen.
- Singen Sie ein Lied, das Sie kennen, oder erfinden Sie eine einfache Melodie zu folgendem Text:

> *Einmal hin,*
> *einmal her –*
> *nimm den Zwickel,*
> *diesen Wickel –*
> *schlag ihn ein,*
> *fest und fein.*

# Reden mit dem Baby

**Was die Gehirn-
forschung sagt**
Je mehr Sie
mit Ihrem Baby
sprechen, desto
mehr wichtige Ver-
bindungen bauen
sich auf, die
seine Sprachent-
wicklung fördern.

- Sprechen Sie über alles, was Sie im Alltag tun. Beschreiben
  Sie, wie Sie sich die Hände waschen, sich anziehen oder auf-
  räumen.
- Sagen Sie Gedichte und Kinderreime auf, und singen Sie,
  wenn Ihnen danach ist.
- Hin und wieder sollten Sie dabei Ihre Stimme verändern.
  Versuchen Sie mal mit hoher Stimme, mal mit tiefer Stimme,
  im Singsang oder mit leiser Stimme zu sprechen.

# Ein Windelspiel

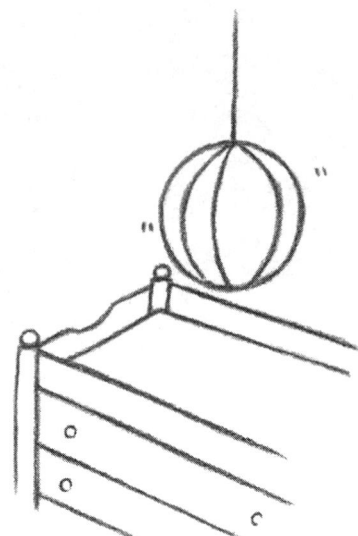

- Der Wickeltisch ist immer ein guter Ort, um die motorischen Fähigkeiten zu entwickeln.
- Warum sollte Ihr Baby nicht interessante Dinge betrachten können, während Sie ihm eine frische Windel anziehen?
- Hängen Sie einen Luftballon an der Decke auf, den Sie erreichen können, der sich aber außer Reichweite Ihres Babys befindet.
- Stoßen Sie den Ballon an, sodass er sich langsam bewegt, während Sie wickeln.
- Ihr Baby wird fasziniert sein und bald die Arme ausstrecken und versuchen, nach dem Ball zu greifen.
- Wenn Sie mit dem Windelwechseln fertig sind, nehmen Sie Ihr Baby auf den Arm und lassen es den Ball berühren.
- Sie könnten stattdessen auch ein lustiges Mobile aufhängen.

# Umdrehen

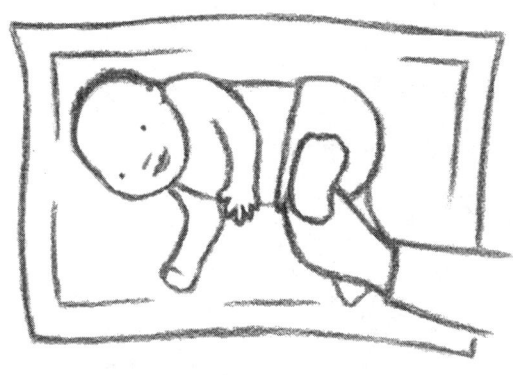

**Was die Gehirnforschung sagt**
Neugeborene bewegen ihre Gliedmaßen noch zuckend und unkontrolliert. Das Gehirn verfeinert erst nach und nach die Schaltungen für motorische Aktivitäten.

- Legen Sie Ihr Baby rücklings auf eine weiche Unterlage.
- Umfassen Sie seine Knöchel und Oberschenkel auf derselben Seite, und überkreuzen Sie mit diesem Bein das andere Bein. Keine Angst – die Hüften und der Körper werden mitgehen.
  *Anmerkung:* Erzwingen Sie diese Bewegung niemals!
- Drehen Sie Ihr Baby wieder in die ursprüngliche Position zurück.
- Machen Sie dasselbe mit dem anderen Bein, das Sie in die entgegengesetzte Richtung überkreuzen.
- Während Sie dies tun, sagen Sie:

> *Beine strampeln,*
> *Beine trampeln,*
> *Beine hampeln –*
> *immer munter*
> *rauf und runter.*

# Rollen, rollen

- Große aufblasbare Bälle eignen sich wunderbar als Spielrequisiten.
- Sie können das Baby beispielsweise bäuchlings auf diesen Ball legen!
- Während es auf dem Ball liegt und Sie es mit den Händen sicher festhalten, rollen Sie den Ball langsam hin und her.
- Dabei singen Sie zu einer beliebigen Melodie:

  *Roll, roll, roll den Ball*
  *immer hin und her.*
  *Roll, roll, roll den Ball*
  *immer hin und her.*

- Wiegende Bewegungen wie diese sind für einen Säugling sehr beruhigend.

# Der dritte bis sechste Lebensmonat

# Schau mal, was ich sehe!

**Was die Gehirn-
forschung sagt**
Das Üben der
Sehfähigkeit ist
in den ersten
sechs Lebensmo-
naten von größter
Bedeutung.

- Babys starren fasziniert interessante Gesichter und Spielsachen an.

- Nehmen Sie mehrere bunte Spielsachen zur Hand, und bewegen Sie sie langsam jedes für sich vor Ihrem Baby hin und her, um seine Sehkraft anzuregen.

- In diesen Lebensmonaten entdecken Babys auch ihre Hände. Sie beobachten sie immer wieder und entdecken schließlich, dass sie sie verschwinden und wieder auftauchen lassen können.

- Nehmen Sie die Hände Ihres Babys, und patschen Sie sie leicht vor seinem Gesicht zusammen. Sprechen Sie dabei folgenden Reim:

> *Platsch, Platsch, Platsch,*
> *Die Händchen machen klatsch.*
> *Die Händchen streicheln Mama.*
> (Setzen Sie jeweils den Namen desjenigen
> ein, der dieses Spiel mit dem Baby spielt.)
> *Die Händchen machen klatsch.*

# Was ist das für ein Baby?

**Was die Gehirn-forschung sagt**
Kurze Äußerungen beschleunigen die Entwicklung des kindlichen Sprach-prozesses.

- Setzen Sie sich mit Ihrem Baby auf dem Schoß vor einen Spiegel.
- Sagen Sie: »Was ist das für ein Baby?«
- Winken Sie mit seiner Hand, und sagen Sie: »Hallo, Baby.«
- Sagen Sie: »Wo ist der Fuß des Babys?«
- Bewegen Sie seinen Fuß, und sagen Sie: »Hallo, Fuß.«
- Stellen Sie noch mehr Fragen dieser Art, und bewegen Sie dabei die entsprechenden Körperteile Ihres Babys.
- Schütteln Sie den Kopf, winken Sie zum Abschied, klatschen Sie in die Hände.

# Klopf, klopf, klopf

**3. bis 6. Monat**

# 30

**Was die Gehirn-
forschung sagt**
Babys brauchen
eine Vielfalt von
taktilen Erfahrun-
gen, um mit ihrer
Umwelt vertraut
zu werden.

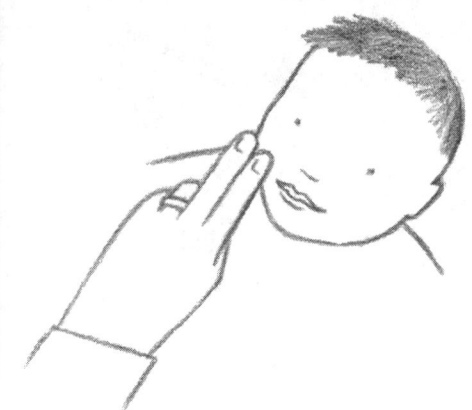

- Versuchen Sie, dieses Klopfspiel mit Ihrem Baby zu spielen.
- Klopfen Sie mit dem Zeige- und Mittelfinger leicht auf ver-
schiedene Körperteile. Nennen Sie dabei den Namen des
Körperteils.
- Sagen Sie dabei diesen oder einen anderen Vers auf:

> *Klopf, klopf, klopf,*
> *auf das Bäckchen von* (setzen
> Sie seinen Namen ein).
> *Klopf, klopf, klopf*
> *auf das Babybäckchen.*
> (Nehmen Sie seine Hand, und legen
> Sie sie auf seine Wange.)

- Wiederholen Sie dieses Sprüchlein, und klopfen Sie auf verschiedene Körperteile.
- Spielen Sie das Spiel auch mal anders herum. Nehmen Sie
die Finger Ihres Babys, und klopfen Sie damit auf Ihre Körperteile.

# Lass uns schauen!

**3. bis 6. Monat**

# 31

**Was die Gehirn-
forschung sagt**
Liebevolle
Fürsorge liefert
dem Gehirn eines
Babys positive
emotionale
Stimulation.

- Überlegen Sie, welche Orte für Beobachtungen geeignet sind.
- Wenn Babys beobachten können, wie Dinge sich bewegen, sind sie zufrieden.
- Es macht ihnen beispielsweise Spaß, die Waschmaschine oder den Trockner zu beobachten.
- Fenster, vor denen Bäume stehen, sind wunderbare Plätze, um etwas zu beobachten. Sie können sich auch draußen mit Ihrem Baby hinsetzen, sicher gibt es dort jede Menge tolle Dinge zu sehen.
  - Beobachten Sie Vögel, die von einer Stelle zur anderen fliegen.
  - Beobachten Sie Autos, die die Straße entlang fahren.
  - Beobachten Sie, wie sich die Zweige eines Baums im Wind wiegen.
- Nehmen Sie sich Zeit, mit Ihrem Kind etwas zu beobachten. Wenn es Sie neben sich fühlt, spürt es die Fürsorge, die es braucht, um die Wunder der Natur zu genießen.

# Kleine Stupsnase

**Was die Gehirn-forschung sagt**
Sanfte Berührungen geben dem Baby ein Gefühl von Geborgenheit. Sie bauen sein Selbstvertrauen auf und führen schließlich zur Unabhängigkeit des Kindes.

- Halten Sie Ihr Baby hoch und sagen Sie: »Nase, Nase, Stupsnase.«
- Bei dem Wort »Stupsnase« berühren Sie seine Nase mit der Ihren.
- Wiederholen Sie dieses Spiel, und bringen Sie Ihre Nasen bei dem Wort »Stupsnase« zusammen.
- Wenn Sie eine Weile so gespielt haben, sagen Sie das Wort »Stups« mehr als einmal und reiben jedes Mal die Nasen aneinander.
- Sagen Sie beispielsweise: »Stups-, Stups-, Stupsnase.«

# Wo ist mein Baby?

**3. bis 6. Monat**

# 33

**Was die Gehirn-
forschung sagt**
Die Entwicklung
von Kraft und
Gleichgewicht
bildet die
Grundlage zum
Krabbeln.

- Dieses Spiel stärkt Rücken und Nacken.
- Legen Sie sich auf den Rücken und Ihr Baby auf Ihren Bauch.
- Umfassen Sie seine Brust fest mit beiden Händen, heben Sie Ihr Baby in die Luft und zu Ihrem Gesicht hin.
- Sie können dabei sagen:

    *Wo ist mein Baby?*

    *Da ist es.*

    (Heben Sie es an Ihr Gesicht.)

    *Wo ist mein Baby?*

    (Legen Sie es wieder auf Ihren Bauch.)

    *Da ist es.*

    (Heben Sie es wieder an Ihr Gesicht.)

    *Wo ist mein Baby?*

    (Legen Sie es wieder auf Ihren Bauch.)

    *Hoch, hoch, hoch, ganz hoch.*

    (Heben Sie es hoch über Ihr Gesicht.)

# Hoch, höher, ganz hoch

**3. bis 6. Monat**

## 34

**Was die Gehirn-forschung sagt**
Körperbewegungen helfen dem Gehirn, die Schaltungen für die Entwick-lung der motori-schen Fähigkeiten zu verfeinern.

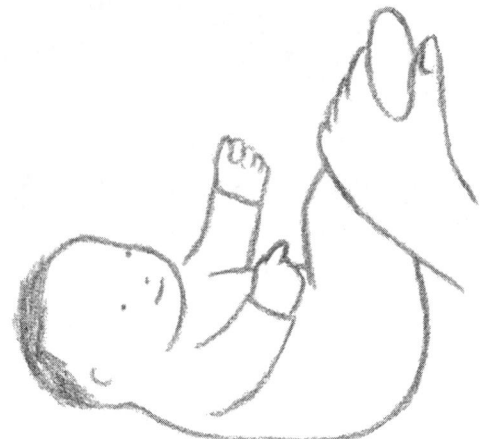

- Übungen mit Armen und Beinen sind gut, um die kindlichen Muskeln und die motorische Koordination zu entwickeln.
- Dieses Spiel lässt sich besonders gut spielen, wenn Ihr Baby auf dem Rücken liegt.
- Heben Sie jeweils eins seiner Beine an, und sagen Sie dabei:

    *Hoch, höher, ganz hoch.*

    *Eins, zwei, runter.*

    (Senken Sie seinen Fuß.)

    *Anmerkung:* Erzwingen Sie nie eine Bewegung. Wenn Ihr Baby gerade nicht mitmachen mag, probieren Sie dieses Spiel ein anderes Mal aus.

- Wiederholen Sie das Ganze nun mit dem anderen Fuß.
- Wiederholen Sie das Spiel nacheinander auch mit den Armen.
- Spielen Sie es mit beiden Füßen gleichzeitig.
- Und dann mit beiden Armen gleichzeitig.

# Beinspiel

**Was die Gehirn-
forschung sagt**
Gymnastik stärkt
die großen
Muskeln und ist
eine gute
Vorbereitung für
das Laufen.

- Legen Sie Ihr Baby rücklings auf eine feste Unterlage.
- Umfassen Sie seine Knöchel, beugen Sie seine Beine zu folgendem Spruch, und lockern Sie sie wieder:

> *Eins, zwei, drei,*
> *beug die Knie.*
> *Eins, zwei, drei,*
> *beug die Knie.*

*Anmerkung:* Wenn Ihr Baby nicht mehr mag, hören Sie sofort auf.

- Singen Sie diesen Text zu einem bekannten Lied, oder erfinden Sie eine eigene Melodie. Ihr Baby wird aufmerksam zuhören, was gleichzeitig seiner Sprachentwicklung gut tut.

# Mit dem Aufzug fahren

**Was die Gehirn-
forschung sagt**
Liebevolle
Bindungen helfen
Babys, Vertrauen
zu entwickeln.

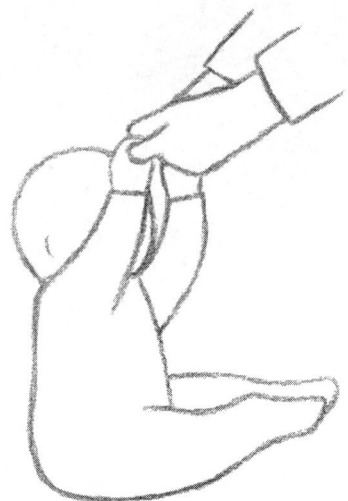

- Halten Sie die Finger Ihres Babys fest, und heben Sie vorsichtig seine Arme an, während Sie folgenden Spruch aufsagen:

  *Wir fahren mit dem Aufzug,*
  *rauf, rauf, rauf.*
  *Wir fahren mit dem Aufzug,*
  *runter, runter, runter.*

- Heben Sie die Beine Ihres Babys an, und sagen Sie den Spruch erneut.

- Fahren Sie damit fort, verschiedene Körperteile des Babys anzuheben, und sagen Sie dabei jedes Mal den Reim von vorhin.

- Zum Schluss wirbeln Sie Ihr Baby hoch in die Luft, und lassen es wieder zu sich herunter.

- Geben Sie dem Kleinen immer einen Kuss, wenn es zurück nach unten geht.

# Miteinander sprechen

**Was die Gehirnforschung sagt**
Geht man lächelnd auf Babylaute ein, wird sich das Kind wahrscheinlich zu einem Menschen entwickeln, der auch später emotionale Reaktionen zeigen kann.

- In diesem Alter geben Babys oft viele lustige Geräusche von sich. Ahmen Sie diese Geräusche nach. Die einfachen Laute werden später zu Worten.

- Nehmen Sie die Laute, die Ihr Baby sagt, beispielsweise »ba ba« oder »ma ma«, und bilden Sie ganze Sätze daraus. »Ma ma hat dich lieb.« »Ba ba, sagt das Schaf.«

- Penelope Leach, eine Expertin auf dem Gebiet der frühkindlichen Entwicklung, bekräftigt: »Ihr Kind macht tagsüber wahrscheinlich Hunderte von verschiedenen Geräuschen, aber wenn Sie in die Hände klatschen und applaudieren, wenn es ›ma ma‹ oder ›da da‹ sagt, wird es diese Geräusche wiederholen, weil Sie sich darüber freuen.«

- Je öfter Sie die Geräusche Ihres Babys wiederholen, desto stärker wird es ermutigt, mehr Geräusche zu produzieren.

- Dies sind die Anfänge erster Gespräche!

# Geräusche aufnehmen

**Was die Gehirn-
forschung sagt**
Schon vier Tage
alte Babys können
eine Sprache von
der anderen unter-
scheiden und
achten bald auf
die Laute, die zur
Unterscheidung
wichtig sind.

- Nehmen Sie das Gebrabbel Ihres Babys auf Kassette auf.

- Spielen Sie ihm dann die Kassette vor, und achten Sie auf seine Reaktionen.

- Reagiert es aufgeregt auf die Geräusche? »Spricht« es mit dem Kassettenrekorder?

- Wenn sich Ihr Baby die Kassette gerne anhört, spielen Sie ihm andere Aufnahmen von Geräuschen aus der Natur vor.

- Eine Umgebung, die auf diese Weise stimuliert, sorgt für spätere gute Sprachfertigkeiten.

# Gespräche schaffen eine Verbindung

- Beginnen Sie ein Gespräch mit Ihrem Baby. Sagen Sie beispielsweise einen kurzen Satz wie »Heute ist ein schöner Tag«.

- Wenn Ihr Baby brabbelnd darauf antwortet, halten Sie inne und schauen ihm in die Augen.

- Während es spricht, reagieren Sie mit einem Nicken oder Lächeln.

- Das zeigt Ihrem Baby, dass Sie ihm zuhören und Freude an dem haben, was es sagt.

- Fahren Sie mit einem weiteren Satz fort. Halten Sie immer inne, und hören Sie sich seine Antwort an.

- Wenn Sie Ihr Baby wissen lassen, dass Sie ihm zuhören und dass Ihnen das Gehörte gefällt, entwickeln sich bei ihm spielerisch Sprachfertigkeit und Selbstbewusstsein.

# Von den Lippen lesen

**3. bis 6. Monat**

# 40

**Was die Gehirn-
forschung sagt**
Durch reagierende
»Unterhaltung«
baut sich das
Vokabular Ihres
Babys auf.

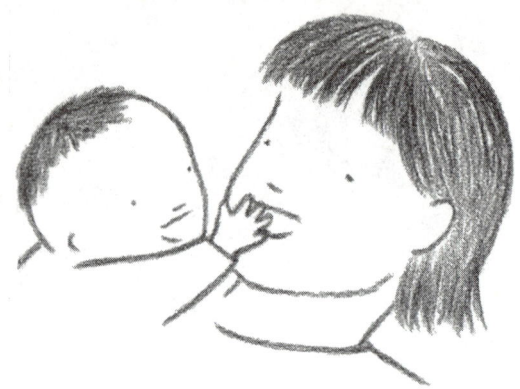

- Mit drei Monaten wird Ihr Baby wahrscheinlich viele wunderbare Geräusche von sich geben. Wenn Sie darauf reagieren, ermutigen Sie es sogar, noch mehr zu »sprechen«.
- Wenn Sie seine Geräusche wiederholen, legen Sie seine Finger an Ihre Lippen, damit es die Lippenbewegungen und die aus dem Mund ausströmende Luft fühlen kann.
- Legen Sie Ihre Finger an seine Lippen, und ermutigen Sie es, noch mehr Geräusche zu machen.

# Ba Ba Baby-O

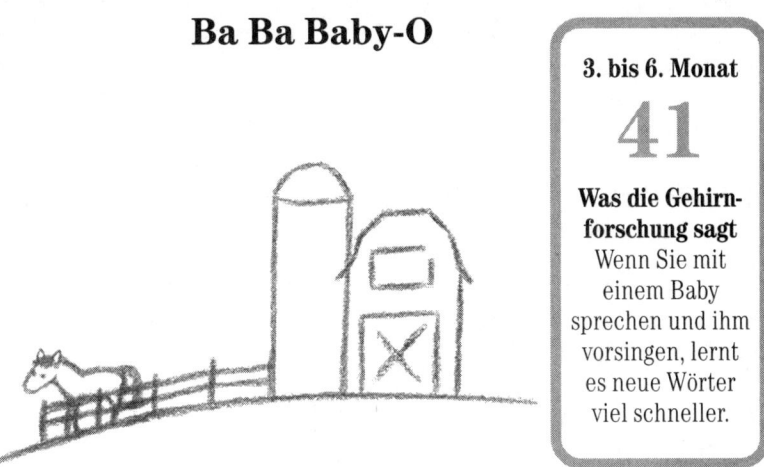

**3. bis 6. Monat**

# 41

**Was die Gehirn-forschung sagt**
Wenn Sie mit einem Baby sprechen und ihm vorsingen, lernt es neue Wörter viel schneller.

- Singen Sie ein Lied, und ersetzen Sie die Wörter durch einen bestimmten Laut.
- Wählen Sie einen Laut, den Ihr Baby macht – gut ist »ma« oder »ba«.
- Singen Sie Lieder, bei denen Sie nur diese Laute benutzen und einige wenige Wörter einsetzen.

> *Dona nobis pacem,*
> *Dona nobis pacem,*
> *Dona nobis pacem,*
> *Dona nobis pacem,*
> *Dona nobis pacem,*
> *Dona nobis pacem.*

- Beispiele für andere Lieder, die Sie singen können, sind »Ri-ra-rutsch, wir fahren mit der Kutsch«, »Backe, backe, Ku-chen« und »Schlaf, Kindlein, schlaf«.
- Je öfter Sie die Laute, die Ihr Baby macht, wiederholen, des-to mehr Geräusche wird es selbst machen.

# Strampeln

**Was die Gehirn-
forschung sagt**
Durch die ständige
Wiederholung
motorischer Fähig-
keiten, werden die
neuralen Schaltun-
gen, die von den
denkenden Berei-
chen im Gehirn zu
den motorischen
Bereichen und
weiter über die
Nerven zu den
Muskeln verlaufen,
gestärkt.

- Durch Strampeln entwickeln sich motorische Fähigkeiten.
  Das ist eine Aktivität, die Babys lieben.
- Bringen Sie an den Knöcheln Ihres Babys bunte Bänder an,
  und beobachten Sie, wie es ausgelassen strampelt.
- Viele Babysöckchen haben bunte Zehen oder Ringel, die vom
  Baby beim Strampeln fasziniert beobachtet werden.
- Halten Sie Ihr Baby auf dem Arm, und bewegen Sie eine Ras-
  sel oder ein Glöckchen vor seinen Füßen hin und her.
- Zeigen Sie ihm, wie es die Rassel oder das Glöckchen mit den
  Füßen selbst anstupsen kann.

# Roll-Olympiade

**Was die Gehirn-forschung sagt**
Wenn Muskeln wiederholt einge-setzt werden, wird beim Baby die Kraft und Geschmeidigkeit aufgebaut, die es zum Umdrehen braucht.

- Wenn Sie Ihrem Baby helfen, sich vom Bauch auf den Rücken zu drehen, ent-wickelt sich die Brust- und Armmus-kulatur. Dieses Spiel macht Spaß und ermutigt Ihr Baby gleichzeitig, sich umzudrehen.

- Legen Sie Ihr Baby auf einer weichen und ebenen Unterlage auf den Bauch. Der Teppichboden oder die Mitte des Bett-chens ist für dieses Spiel gut geeignet.

- Halten Sie ihm einen Teddybär vors Gesicht, und bewegen Sie ihn hin und her. Sie könnten dabei sagen:

    *Teddybär, Teddybär, dreh dich um.*
    (Drehen Sie den Teddybären herum.)
    *Teddybär, Teddybär, lass dich fall'n.*
    (Lassen Sie den Teddybären hinfallen.)

- Wenn Sie sehen, dass Ihr Baby den Teddybären beobachtet, bewegen Sie ihn zur Seite, sodass ihm die Augen Ihres Babys und hoffentlich auch sein Körper folgen.

- Wiederholen Sie den Spruch, wobei Sie den Teddybären je-des Mal bewegen. Wenn Ihr Baby dieses Spiels überdrüssig wird, probieren Sie es an einem anderen Tag erneut.

# Babytanz

**Was die Gehirn-
forschung sagt**

Die Verbindung von
Rhythmus, Bewe-
gung und Eltern-
Kind-Bindung lässt
im Gehirn viele
»Verdrahtungen«
entstehen, die gut
für die kindliche
Entwicklung sind.

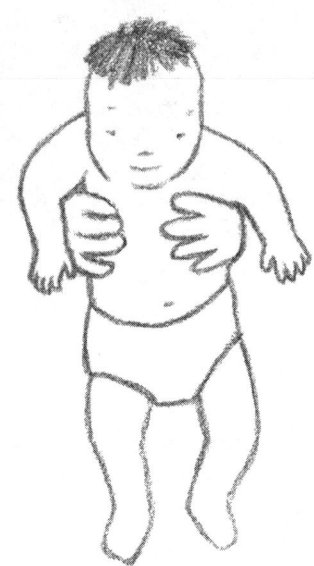

- Singen Sie zu einer beliebigen Melodie:

  *Im Sommerwinde,*
  *lau und linde,*
  *tanzt mein Kinde.*
  *Es macht Späßchen,*
  *das kleine Häschen.*

- Halten Sie Ihr Baby gut unter den Armen fest, und lassen Sie
  es auf einer weichen Unterlage »tanzen«.

# »Pop« macht das Wiesel

3. bis 6. Monat

## 45

**Was die Gehirn-
forschung sagt**
Musik sorgt dafür,
dass die neuralen
Schaltungen im
Gehirn miteinan-
der »verdrahtet«
werden.

- Babys lieben Musik und Rhythmus. In der Gebärmutter hat der Fötus den Rhythmus des mütterlichen Herzens und das Rauschen des Blutes gehört.
- Nehmen Sie zwei Schlaghölzer (oder zwei Holzlöffel) und schlagen Sie sie zusammen, während Sie »›Pop‹ macht das Wiesel« singen.
- Schlagen Sie die Hölzer leicht zusammen und stärker, wenn das Wort »Pop« kommt. Bald wird Ihr Baby auf den lauteren Schlag warten.
- Helfen Sie Ihrem Baby, die Hölzer selbst zu halten. Singen Sie, während es die Hölzer hält:

> *Dunkel und hell,*
> *langsam und schnell,*
> *jagt der Affe*
> *die Giraffe*
> *durchs Gestrüppe*
> *hüpp, hüpp, hüppe.*

# Wupps – zwei, drei vier

**Was die Gehirnforschung sagt**
Mit Ihrem Baby zu singen und zu tanzen, ist das Beste, das Sie tun können, um die verschiedenen Teile seines Gehirns miteinander zu »verdrahten«.

- Halten Sie Ihr Baby nah an den Körper, und gehen Sie im Zimmer herum, während Sie Ihre Lieblingslieder singen. Es ist egal, welches Lied Sie auswählen.
- Ihr Baby wird Ihre Freude am Singen spüren, was bei ihm ein Wohlgefühl hervorruft.
- Singen Sie auch einmal ein Marschlied, und sagen Sie »Wupps – zwei, drei, vier«, während Sie durchs Zimmer marschieren.
- Wiegen Sie sich beim Tanzen, bauen Sie Drehungen mit ein, tanzen Sie auf Zehenspitzen, und machen Sie große, schwungvolle Schritte.

# Hopserei

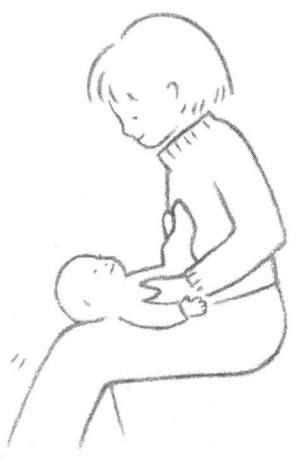

3. bis 6. Monat

47

**Was die Gehirn-
forschung sagt**
Hopsen und
Wiegen sind
Voraussetzung für
das Krabbeln.

● Hops-Spiele machen Babys viel Spaß und spielen eine wichtige Rolle bei der Entwicklung des Gleichgewichtssinns, der
eine Vorbedingung für das Laufen ist.

● Es gibt viele Möglichkeiten für das Durchführen von Hops-
Spielen: Ihr Baby kann auf Ihrem Schoß sitzen, mit dem
Bauch oder dem Rücken auf Ihren Knien liegen, auf Ihrem
Schoß sitzen und dabei hin und her gewiegt werden.
*Anmerkung:* Stützen Sie Ihr Baby bei Hops-Spielen immer
gut ab.

● Dies ist ein alter Reim für Hops-Spiele:

> *Hoppe, hoppe, Reiter,*
> *wenn er fällt, dann schreit er.*
> *Fällt er in den Graben,*
> *fressen ihn die Raben.*
> *Fällt er in den Sumpf,*
> *dann macht der Reiter plumps.*

# Zug, Zug, Eisenbahn

**Was die Gehirn-
forschung sagt**
Eine dramatische
Ausdrucksweise
beim Sprechen
fördert den emo-
tionalen Ausdruck
bei Babys. Dadurch
wird wiederum das
Gehirn angeregt,
Botenstoffe freizu-
setzen, die die
Entwicklung des
Gedächtnisses
ankurbeln.

- Während Sie folgenden Spruch hersagen, bewegen Sie Ihre Finger den Arm Ihres Babys hinauf und dann wieder hinunter:

> *Zug, Zug, Eisenbahn,*
> *fährt den Berg hinauf.*
> *Tuut, tuut, tuut,*
> *jetzt fährt sie wieder ab.*

- Wiederholen Sie das Ganze mit dem anderen Arm.
- Sprechen Sie das Wort »tuut« dramatisch aus, und bald wird Ihr Baby versuchen, diesen Klang nachzuahmen.

# Schaukeln

**Was die Gehirn-
forschung sagt**
Säuglinge verfügen
über eine Fülle an
Gehirnsynapsen,
sodass sie von
Anfang an aufge-
schlossen für
Musik sind.

- Die Bewegung einer Schaukel ist für einen Säugling sehr angenehm.
- Wenn Sie Verse hersagen oder Lieder singen und Ihr Baby dabei schaukeln, entwickelt es ein Rhythmusgefühl und einige sehr wichtige Gehirnverbindungen.
- Nehmen Sie Ihr Baby auf den Schoß, während Sie hin und her schaukeln. Sagen Sie dabei:

> *Hin und her, hin und her,*
> *schaukeln, schaukeln, schaukeln.*
> *Schaukle hin und her.*

# Robben

**Was die Gehirn-
forschung sagt**
Das Robben unter-
stützt die Bildung
von Gehirnsynap-
sen, durch die
zukünftige, grob-
motorische Fähig-
keiten entwickelt
werden.

- Babys robben überall hin. Dies ist eine Vorbereitung zum Krabbeln.
- Legen Sie Ihr Baby auf den Bauch, und legen Sie sich ihm gegenüber auf den Boden.
- Platzieren Sie ein interessantes Spielzeug vor Ihrem Baby, das aber so weit entfernt ist, dass es den Gegenstand nicht erreichen kann.
- Bewegen Sie das Spielzeug (Bälle mit Glöckchen sind gut geeignet) hin und her.
- Beim Versuch, den Ball zu erreichen, wird es wahrscheinlich ein wenig vorwärts robben.
- Geben Sie ihm dann die Chance, den Ball zu ergreifen, und loben Sie es ausgiebig.
- Durch solche Erfolge entsteht viel Selbstbewusstsein.

# Das Baby schieben

**Was die Gehirn-
forschung sagt**
Arbeiten Sie an
den fein- und
grobmotorischen
Fähigkeiten
gleichzeitig, da sie
sich unabhängig
voneinander ent-
wickeln.

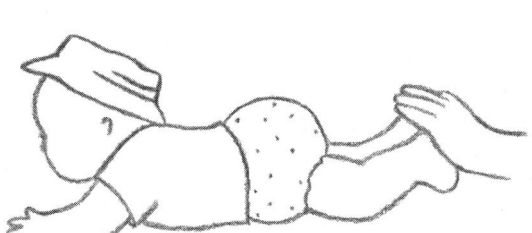

- Legen Sie Ihr Baby auf den Bauch.
- Drücken Sie mit Ihren Händen gegen seine Fußsohlen.
- Wenn es Ihre Hände spürt, wird es versuchen, sich vorwärts zu bewegen, indem es sich von Ihren Händen abstößt.
- Dies ist eine vorbereitende Übung auf das Krabbeln.
- Bisweilen wird es einen sanften Anschub benötigen.
- Während Sie leicht gegen seine Füße drücken, sagen Sie:
  *Wir drücken, drücken, drücken mit den kleinen Füßchen.*
  (Drücken Sie sanft.)
  *Wir drücken, drücken, drücken mit den kleinen Füßchen.*
  (Drücken Sie sanft.)
  *Wir drücken, drücken, drücken mit den kleinen Füßchen.*
  (Drücken Sie sanft.)
  *Wir drücken, drücken, drücken, den lieben langen Tag.*

# Von einer Hand in die andere

**3. bis 6. Monat**

## 52

**Was die Gehirn-
forschung sagt**
Durch die ständige
Wiederholung
einer motorischen
Fähigkeit werden
neurale Schaltun-
gen entwickelt,
die sich von den
denkenden Berei-
chen des Gehirns
in die motorische
Kortex und zu den
Nerven hin bewe-
gen, die für die
Muskelbewegung
verantwortlich
sind.

● In dieser Zeit wird Ihr Baby anfangen, einen Gegenstand von einer in die andere Hand zu nehmen.

● Sie können die neuralen Schaltungen im Gehirn stärken, indem Sie das Über-

wechseln von einer Hand in die andere mit Ihrem Baby üben. Durch dieses Spiel werden die Feinmotorik und die Augen-Hand-Koordination unterstützt.

● Geben Sie eine kleine Rassel in eine seiner Hände.

● Schütteln Sie die Hand mit der Rassel.

● Zeigen Sie ihm, wie es die Rassel in die andere Hand geben kann. Gehen Sie dabei folgendermaßen vor:

– Wenn Sie seine leere Hand an die Rassel legen, wird Ihr Baby automatisch danach greifen.

– Lösen Sie die Finger der ersten Hand, und küssen Sie sie.

# Licht ist schön

**Was die Gehirn-
forschung sagt**
Wenn ein Säugling
sich bewegende
Gegenstände be-
trachtet, baut ein
Neuron aus seiner
Netzhaut eine
Verbindung zu
einem Neuron in
dem Bereich des
Gehirns auf, das
für die Sehfähig-
keit verantwort-
lich ist. Seine Seh-
fähigkeit wird auf
diese Weise prak-
tisch »verdrahtet«.

- Sie können eine Taschenlampe mit einer farbigen Kunststoffschicht ab-decken.

- Halten Sie Ihr Baby auf dem Arm, und schalten Sie die Taschenlampe ein.

- Bewegen Sie die Lampe langsam hin und her, und beobachten Sie, wie die Augen des Kindes dem Licht folgen.

- Sprechen Sie mit ihm, während Sie die Lampe bewegen:

    *Schönes, schönes Licht,*
    *Schönes, schönes Licht,*
    *Siehst du dieses schöne Licht?*

- Babys lieben dieses Spiel. Doch sie haben nicht nur ihren Spaß dabei, sondern bilden auch wichtige Verbindungen im Gehirn.

# Wo ist das Spielzeug?

**Was die Gehirn-
forschung sagt**
Die Erfahrungen,
die ein Baby in
den ersten Lebens-
monaten macht,
wirken sich stark
auf die Beschaffen-
heit seines
Gehirns und die
spätere Hirn-
kapazität aus.

- Halten Sie Ihrem Baby ein Lieblingsspielzeug hin, und bewe-
gen Sie dieses dann aus seinem Gesichtsfeld heraus.
- Ermutigen Sie Ihr Baby, sich nach dem Spielzeug umzu-
schauen. Stellen Sie etwa folgende Frage: »Ist es im Himmel?«, und schauen Sie dabei in den Himmel.
- Fragen Sie: »Liegt es auf dem Boden?«, und schauen Sie auf
den Boden.
- Fragen Sie: »Hab ich es in der Hand?« Ja, hier ist es.
- Wenn Ihr Baby sich weiterentwickelt, wird es nach dem
Spielzeug suchen, wenn es sich aus seinem Gesichtsfeld heraus bewegt.
- Wenn sein Interesse am Verbleib des Spielzeugs geweckt
wurde, wird es Ihren Bewegungen folgen.

# Der sechste bis neunte
# Lebensmonat

# Spiegelspiele

**Was die Gehirnforschung sagt**
Da sich die Neuronen für das Sehen sehr früh ausbilden, brauchen Babys stimulierende optische Erfahrungen.

- Je mehr ein Baby sieht, desto mehr scheint es sehen zu wollen.

- In den Spiegel zu schauen, macht viel Spaß und bietet Ihrem Baby eine weitere Perspektive seiner Person.

- Dies sind einige Vorschläge, die Sie mit Ihrem Baby tun können, wenn es in einen großen Spiegel schaut:
  - Lächeln Sie.
  - Schütteln Sie verschiedene Teile seines Körpers.
  - Schneiden Sie Grimassen, und machen Sie komische Geräusche dazu.
  - Formen Sie Töne mit den Lippen.
  - Ahmen Sie Tiergeräusche nach.
  - Wiegen Sie Ihr Baby hin und her.

# Überall sind Geräusche

**6. bis 9. Monat**

**56**

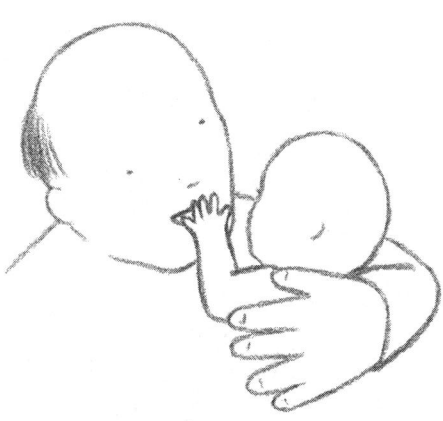

**Was die Gehirn-forschung sagt**
Das Herz eines Babys schlägt schneller, wenn seine Eltern es anschauen und mit melodiöser Stimme mit ihm sprechen.

- Setzen Sie Ihr Baby einer Vielfalt von Geräuschen aus.
- Machen Sie Geräusche mit dem Mund, legen Sie die Finger Ihres Babys an Ihre Lippen, während Sie die Geräusche erzeugen.
  - Summen Sie wie eine Biene.
  - Summen Sie ein Lied.
  - Machen Sie Geräusche mit den Lippen.
  - Ahmen Sie eine Sirene nach.
  - Husten Sie.
  - Geben Sie vor zu niesen.
- Zerknüllen Sie verschiedene Papiersorten. Mit Zellophan- und Seidenpapier lassen sich interessante Geräusche zaubern.

# Wo kommen die Geräusche her?

**Was die Gehirn-
forschung sagt**
Musikalische
Erfahrungen
verbessern die
spätere Fähigkeit,
abstrakt zu
denken – speziell
im räumlichen
Bereich.

- Das Gehör entwickelt sich mit zunehmendem Alter und Erfahrung.
- Spiele, die das Gehör Ihres Babys fördern, helfen bei der »Verdrahtung« seines Gehirns.
- Nehmen Sie eine Spieluhr, und bewegen Sie diese aus dem Gesichtsfeld Ihres Babys heraus.
- Ziehen Sie die Uhr auf, und fragen Sie: »Wo ist die Musik?«
- Wenn das Kind sich der Musik zuwendet, loben Sie es ausgiebig.
- Wiederholen Sie dieses Spiel in verschiedenen Ecken des Zimmers.
- Wenn Ihr Baby krabbelt, können Sie die Musik unter einem Kissen oder woanders verstecken, sodass es zu der Geräuschquelle hinkrabbeln muss.

# Ein Spiel mit Töpfen

**Was die Gehirn-
forschung sagt**
Positive frühkind-
liche Erfahrungen
legen fest, wie die
komplizierten
neuralen Schaltun-
gen des Gehirns
»verdrahtet«
werden.

- Das Spiel mit Töpfen ist eine gute Möglichkeit, Ihrem Baby viele Dinge beizubringen:
- Stellen Sie einen Topf umgekehrt auf den Boden, nachdem Sie ein Spielzeug darunter versteckt haben.
- Sagen Sie: »Eins, zwei, drei, Zauberei«, und heben Sie den Topf hoch, sodass das versteckte Spielzeug zum Vorschein kommt.
- Ihr Baby wird sich freuen und seinen Spaß haben, wenn Sie dieses Spiel öfter wiederholen.
- Jetzt verstecken Sie das Spielzeug und helfen Ihrem Baby, den Topf hochzuheben.
- Der nächste Schritt besteht darin, den Topf umzudrehen. Zeigen Sie Ihrem Baby, wie es geht, und helfen Sie ihm dabei.
- Wenn Sie den Topf richtig herum hinstellen, nehmen Sie dasselbe Spielzeug zur Hand und lassen dies in den Topf hineinfallen.

# Ram tam tam

**Was die Gehirn-
forschung sagt**
Der Einsatz der
feinmotorischen
Muskeln regt das
Wachstum des
Gehirns an.

- Babys halten gerne Dinge in der Hand, mit denen sie auf eine Oberfläche klopfen können. Dies ist eine ausgezeichnete Übung für die motorische Koordination und macht außerdem viel Spaß.
- Geben Sie Ihrem Baby einen Holzlöffel, und ermutigen Sie es, damit auf den Boden zu schlagen.
- Singen Sie verschiedene Lieder, die Sie besonders mögen, während Sie beide mit den Löffeln klappern.
- Versuchen Sie, mit den Löffeln folgenden Reim zu klopfen:

*Ram, tam, tam,*
*ram, tam, tam.*
*Wie macht die Trommel?*
*Ram, tam, tam.*

# Babyrasseln

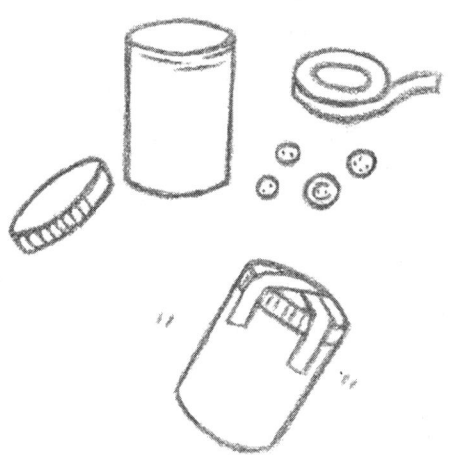

**Was die Gehirn-forschung sagt**
Dr. Edwin Gordon, eine Kapazität auf dem Gebiet der musikalischen Lerntheorie, bestätigt, dass Säuglinge eine Vielfalt an Genen und Synapsen besitzen, mit deren Hilfe sie Musik schnell erlernen können.

- Geben Sie einige Knöpfe in eine Dose. Befestigen Sie den Deckel gut mit Klebeband, sodass Ihr Baby die Dose nicht öffnen kann.

- Schütteln Sie den Behälter, und hören Sie sich das Geräusch an. Sie werden sehen, welch große Augen Ihr Baby macht!

- Geben Sie Ihrem Baby die Dose, sodass es sie schütteln kann, während Sie dazu singen.

- Versuchen Sie, »Old MacDonald hat 'ne Farm« zu trällern, während Sie die Dose gemeinsam schütteln und Tiergeräusche nachahmen. Nichts wird Ihrem Baby mehr Spaß machen!

- Sie können auch eine durchsichtige Plastikflasche in eine Rassel verwandeln. Ihrem Baby wird es gefallen, zu beobachten, wie sich Kieselsteine oder Knöpfe beim Schütteln hin und her bewegen.

# Eins, zwei

6. bis 9. Monat

**61**

**Was die Gehirn-forschung sagt**
Babys müssen Dinge berühren, damit Gehirn und Körper»wachsen« können. Solche Erfahrungen sind genauso wichtig wie ausreichend Nährstoffe und Vitamine.

- Denken Sie sich einfache Reime aus, während Sie die Hand Ihres Babys festhalten und mit ihr verschiedene Teile Ihres Körpers berühren.
- Hier ein paar Vorschläge:

  *Eins, zwei, du, berühr den Schuh.*
  *Topf und Zopf, berühr den Kopf.*
  *Katz und Hund, berühr den Mund.*
  *Alles klar, berühr das Haar.*

- Jedes Mal, wenn Sie einen Körperteil erwähnen, legen Sie die Hand Ihres Kindes auf diesen Körperteil. Wenn Sie »Eins, zwei, du, berühr den Schuh« sagen, legen Sie seine Hand auf Ihren Schuh.
- Kehren Sie das Spiel um, und berühren Sie Ihr Baby, während Sie den Reim aufsagen.

# Das ist der Daumen ...

**Was die Gehirn-
forschung sagt**
Gelegenheiten zur
Sprachentwick-
lung, beispiels-
weise Lieder und
Fingerspiele, sind
von größter Bedeu-
tung für die
Entwicklung des
Gehirns.

- Sagen Sie diesen Reim auf, und wackeln Sie bei der letzten
  Verszeile mit dem kleinen Finger Ihres Babys:

  *Das ist der Daumen,*
  *der schüttelt die Pflaumen,*
  *der liest sie alle auf,*
  *der trägt sie nach Haus,*
  *und dieser kleine Lümmel isst sie alle, alle auf.*

- Bewegen Sie jeweils den entsprechenden Finger, wenn Sie
  den Kindervers sagen.
- Ihr Baby wird auf Ihre Berührung und Ihre Stimme reagieren.

# Ballspiele

**Was die Gehirn-
forschung sagt**
Das Gehirn eines
jeden Säuglings
bildet die Neuro-
nen- und Muskel-
verbindungen, die
zum Sitzen, Krab-
beln, Laufen und
Sprechen erfor-
derlich sind, mit
der ihm eigenen
Geschwindigkeit.

- Sobald Ihr Baby ohne Probleme selbst sitzen kann, versuchen Sie ihm einen Ball zuzurollen.
- Ein weicher Stoffball ist für den Anfang gut geeignet.
- Rollen Sie den Ball nur leicht, und zeigen Sie ihm, wie es ihn auffangen kann.
- Babys lieben dieses Spiel und werden sehr aufgeregt, wenn der Ball auf sie zurollt.
- Singen Sie ein Lied zu einer erfundenen Melodie, während Sie ihm den Ball zurollen.

> *Roll, roll, roll den Ball*
> *zu meinem kleinen Schatz.*
> *Roll, roll, roll den Ball*
> *zu meinem kleinen Schatz.*

- Mit Hilfe dieses Spiels entwickelt sich die motorische Geschicklichkeit.

# So hopsen wir

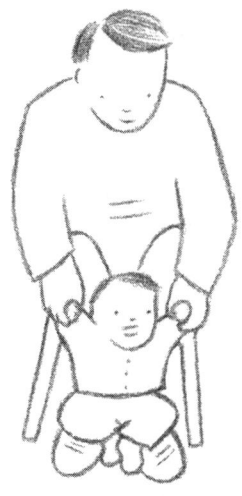

**6. bis 9. Monat**

# 64

**Was die Gehirn-
forschung sagt**
Eine fürsorgliche
Umgebung kann
Pfade im Gehirn
aufbauen, die
emotionale Stärke
fördern, während
wiederholte
stressbelastete
Erfahrungen
Gehirnverbin-
dungen schaffen,
die Angst auslösen.

- Setzen Sie sich auf einen Stuhl mit ge-
rader Lehne. Überkreuzen Sie die Beine,
und setzen Sie Ihr Baby auf Ihre Füße.
- Halten Sie seine Hände fest, während Sie die Beine nach
oben und unten bewegen.
- Singen Sie Ihre Lieblingslieder, während Sie Ihr Baby nach
oben und unten schaukeln, oder singen Sie folgende Zeilen
zu einer erfundenen Melodie:

> *So hopsen, hopsen, hopsen wir,*
> *nach oben und nach unten,*
> *So hopsen, hopsen, hopsen wir,*
> *an jedem neuen Tag.*
> *Juchhe!*
> (Halten Sie die Beine kurz in der Luft,
> und senken Sie sie wieder.)

# Kleine Wange

**Was die Gehirn-
forschung sagt**
Babys, mit denen
viel geschmust
wird und die gut
versorgt werden,
(also Babys, die
nicht verwöhnt,
aber deren emotio-
nale Bedürfnisse
erfüllt werden),
zeigen später eher
ein fürsorgliches
Verhalten als
Babys, die nur
wenig Zuneigung
erhalten.

● Wenn Sie Ihr Baby berühren, während
Sie mit ihm sprechen, führt dies zur
Entwicklung von Vertrauen zwischen
Ihnen beiden.

● Sprechen Sie folgende Zeilen, während
Sie Ihr Baby berühren:

*Kleine Wange,* (Berühren Sie seine Wange.)

*kleines Kinn,* (Berühren Sie sein Kinn.)

*hier schieben wir das Essen rein.*

(Berühren Sie seinen Mund.)

*kleine Augen,* (Berühren Sie seine Augen.)

*kleine Nase,* (Berühren Sie seine Nase.)

*jetzt küss ich den kleinen Hasen.*

(Küssen Sie seine Zehen.)

● Dieses Spiel fördert sowohl die Sprachentwicklung als auch
die Bindung zu Ihrem Kind.

# Kuckuck

**Was die Gehirn-forschung sagt**
Bei jedem Kuckucksspiel werden mehrere tausend Verbindungen zwischen den Gehirnzellen untereinander gebildet oder verstärkt, was die Entwicklung der komplexen »Verdrahtung«, die für den Rest des Lebens bestehen bleibt, fördert. Diese Verbindungen lassen sich später nur mehr unter großen Schwierigkeiten herstellen.

- Kinder lieben es, Handpuppen zu beobachten, und spielen gerne mit ihnen.
- Stecken Sie Ihre Hand in eine solche Puppe, und verbergen Sie sie hinter ihrem Rücken.
- Holen Sie die Puppe hervor, und rufen Sie: »Kuckuck, (Name des Kindes).«
- Jetzt verstecken Sie die Puppe wieder hinter dem Rücken.
- Fahren Sie auf diese Weise fort, bis Ihr Kind erwartet, dass die Puppe an einer bestimmten Stelle hervorkommt.
- Nun holen Sie die Puppe an einer anderen Stelle hervor – über Ihrem oder seinem Kopf. Halten Sie sie immer vor sein Gesicht (aber nicht zu nah), wenn Sie Kuckuck sagen.
- Geben Sie Ihrem Baby die Puppe, um zu sehen, ob es Sie nachzuahmen versucht.

# Hoppla!

**Was die Gehirn-
forschung sagt**
Kuckucksspiele
lehren Babys, dass
Gegenstände, die
verschwinden,
wieder zum Vor-
schein kommen.
Eine starke,
sichere Verbin-
dung zu Ihrem
Baby hilft ihm,
den normalen
Belastungen des
Alltagslebens zu
widerstehen.

- Setzen Sie Ihr Baby auf den Boden vor sich hin.
- Nehmen Sie ein Handtuch zur Hand, und legen Sie es sich über den Kopf.
- Sagen Sie »Kuckuck«, während Sie das Handtuch abnehmen und Ihrem Baby Ihr Gesicht zeigen.
- Dieses Spiel führt normalerweise zu großem Gelächter, und je öfter Sie es wiederholen, desto lustiger wird es.
- Versuchen Sie, Ihrem Baby das Handtuch auf den Kopf zu legen und es wegzuziehen.
- Versuchen Sie, Ihrem Baby das Handtuch auf den Kopf zu legen, und schauen Sie, ob es das Handtuch selbst wegzieht.
- Denken Sie daran, jedes Mal »Kuckuck« zu sagen, wenn Sie das Handtuch abnehmen.

# Wo ist der Ball?

**6. bis 9. Monat**

# 68

**Was die Gehirnforschung sagt**
Bei einer Untersuchung der Universität von Alabama wurde festgestellt, dass Bausteine, Perlen, Kuckucksspiele und andere »altmodische« Mittel die kognitive, motorische und sprachliche Entwicklung fördern.

- Legen Sie sich zusammen mit Ihrem Baby auf den Boden.
- Nehmen Sie einen kleinen Ball (oder ein anderes Spielzeug) zur Hand, und sprechen Sie mit Ihrem Baby darüber.
- Bewegen Sie den Ball aus dem Gesichtsfeld Ihres Babys – halten Sie ihn hinter einen Stuhl, stecken Sie ihn in Ihre Tasche oder ähnliches.
- Fragen Sie Ihr Baby: »Wo ist der Ball?«
- Holen Sie nun den Ball hervor, und sagen Sie »Kuckuck«.
- Fahren Sie mit diesem Spiel fort, und ändern Sie dabei jedes Mal die Stelle, an der der Ball liegt.

# Lautes Kuckucksspiel

**6. bis 9. Monat**

**69**

**Was die Gehirn-
forschung sagt**
Spiele wie
»Kuckuck« sind
die Bausteine der
Sprache und
lehren Babys die
direkte Kommuni-
kation.

- Setzen Sie Ihr Baby in sein Stühlchen, sodass es Sie anschauen kann.
- Halten Sie sich ein großes Tuch vors Gesicht.
- Zählen Sie laut »eins, zwei, drei«.
- Bei »drei« ziehen Sie das Handtuch vom Gesicht oder Geräusch.
- Einige Vorschläge für Geräusche, die Sie machen könnten:
  - Gu, gu, gu
  - Zungenschnalzen
  - Lippengeräusche
- Ihr Baby wird dies lustig finden, denn dieses Spiel macht wirklich Spaß.

# Baby, Baby – ein Kuckucksspiel

**Was die Gehirn-
forschung sagt**
Wenn Sie von
Anfang an mit
einem Kind
sprechen, wird
die Sprachent-
wicklung unter-
stützt.

● Sprechen Sie die folgenden Zeilen.

*Baby, Baby, gewiegt in der Wiege.* (Wiegen Sie Ihr Baby.)

*Baby, Baby, spring ins Bett.*

(Legen Sie Ihr Baby auf den Rücken.)

*Baby, Baby, lächle den Papa/die Mama an.* (Halten Sie Ihr Gesicht nah an das Ihres Babys, und lächeln Sie.)

*Baby, Baby, wackle mit dem Kopf.* (Halten Sie den Kopf Ihres Babys fest, und bewegen Sie ihn leicht hin und her.)

*Baby, Baby, wir spielen Versteck.*

(Bedecken Sie Ihre Augen mit den Händen.)

*Baby, Baby, sollen wir schau'n?*

(Nehmen Sie Ihre Hände von den Augen ab.)

*Baby, Baby, was siehst du?*

(Führen Sie Ihr Gesicht nah an das Ihres Babys heran.)

*Ich bin wieder da, juchhe!*

(Umarmen Sie Ihr Baby liebevoll.)

# Lustige Kuckucksspiele

**Was die Gehirn-
forschung sagt**
Obwohl »Backe,
backe, Kuchen«
und das Kuckucks-
spiel nichts
Besonderes zu sein
scheinen, vermit-
teln diese Spiele
komplexe Regeln
zu abwechselnd
durchgeführten
Aktivitäten und
Erwartungen.

- Es gibt viele verschiedene Kinder-
  spiele, die sich bei allen Babys großer
  Beliebtheit erfreuen.

- Das Lieblingsspiel der meisten Babys
  besteht darin, das Gesicht mit den
  Händen abzudecken, und die Hände dann wieder vom Gesicht weg zu nehmen.

- Diese Variation des Spiels zeigt Ihrem Baby, dass es zwar Ihr
  Gesicht nicht sehen kann, Sie aber dennoch da sind.

- Dieses Spiel ist sehr wichtig für die »Verdrahtung« des Gehirns. Ihr Baby wird bei diesem Spiel intellektuell wachsen.

- Andere Möglichkeiten für das Kuckucksspiel:

  - Bedecken Sie die Augen Ihres Babys mit Ihren Händen,
    und nehmen Sie sie wieder weg.

  - Halten Sie zwischen sich und Ihr Baby eine Windel hin. Lu-
    gen Sie an der Seite und dann oberhalb der Windel hervor.

  - Legen Sie sich die Windel auf den Kopf, und ziehen Sie sie
    dann weg.

# Kuckucksmusik

**6. bis 9. Monat**

# 72

**Was die Gehirn-
forschung sagt**
Durch Kuckucks-
spiele bilden
Gehirnzellen neue
Verbindungen und
stärken vorhan-
dene.

- Singen Sie dieses Lied zur Melodie von »Meister Jakob«:

  *Schläfst du noch, schläfst du noch?*

  *Kleiner/Kleine* (Name des Kindes),

  *kleiner/kleine* (Name des Kindes)?

  *Jetzt ist Zeit zum Aufsteh'n,*

  *jetzt ist Zeit zum Aufsteh'n,*

  *Ding, ding, dong.*

  *Ding, ding, dong.*

- Setzen Sie dieses Lied beim Kuckucksspiel ein.

- Bedecken Sie Ihre Augen, während Sie singen »Schläfst du noch?«.

- Wenn Sie singen, »Jetzt ist Zeit zum Aufsteh'n«, ergreifen Sie die Hände Ihres Babys und ziehen es leicht hoch.

- Wenn Sie bei »Ding, ding, dong« sind, bewegen Sie die Hände Ihres Babys nach oben und unten, als ob es eine Glocke läutet.

# Wo bin ich?

**Was die Gehirn-forschung sagt**
Interaktive Spiele mit Babys bereiten sie auf komplizier-tere Beziehungen im späteren Leben vor.

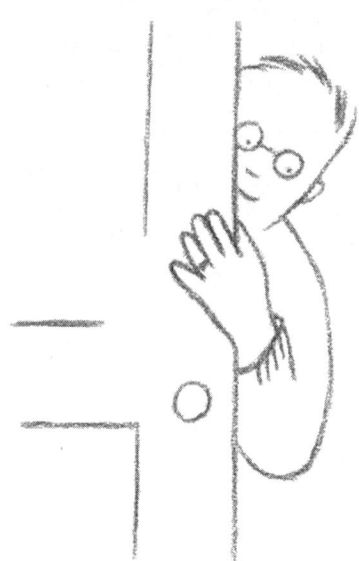

- Wenn Babys sich ihrer Umgebung bewusst werden, verbessern sich ihre Sehfähigkeiten immer mehr.
- Spielen Sie mit Ihrem Baby Versteck.
- Verbergen Sie sich so hinter einem Sessel oder einer Tür, dass ein Teil Ihres Körpers noch sichtbar ist.
- Sagen Sie dabei:

    *Wo bin ich? Wo bin ich?*

    *Findest du mich?*

    *Wo bin ich? Wo bin ich?*

    *Hoppla, hier bin ich.*

- Wenn Sie die letzte Zeile sagen und Ihr Baby Sie noch nicht gefunden hat, kommen Sie aus Ihrem Versteck hervor.
- Sie werden die Freude auf dem Gesicht Ihres Babys sehen und dieses Spiel viele Male wiederholen wollen.

# Große Quietscherei

6. bis 9. Monat

## 74

**Was die Gehirn-forschung sagt**
Die Betätigung kleiner Muskeln wirkt sich positiv auf die motori-schen Bereiche des Gehirns aus.

- Es macht viel Spaß, mit Quietschtieren zu spielen. Spielzeug aus Gummi lässt sich von Babys am leichtesten zusammen-drücken.

- Ihr Baby entwickelt seine feinmotorischen Fähigkeiten, wenn es Dinge zusammendrückt.

- Wenn es Probleme dabei hat, umfassen Sie seine Hände mit den Ihren und drücken das Spielzeug gemeinsam zusam-men. Wenn das entsprechende Gefühl in seinen Händen vor-handen ist, wird es dies bald selbst können.

- Hier ist ein kleiner komischer Vers, den Sie dabei sprechen können:

> *Drück, drück, drück*
> *vor und zurück*
> *das gute Stück,*
> *ziemlich mächtig,*
> *reichlich kräftig –*
> *ach, wie heftig.*
> *Endlich geschafft.*
> *Am Ende die Kraft.*

# Kleine Dinge

**Was die Gehirn-
forschung sagt**
Die Fein- und
Grobmotorik ent-
wickelt sich unab-
hängig voneinan-
der. Obwohl dafür
dieselben körper-
lichen Gelegenhei-
ten erforderlich
sind, entwickeln
sich diese bei
den Fähigkeiten
jeweils immer nur
ein wenig weiter.

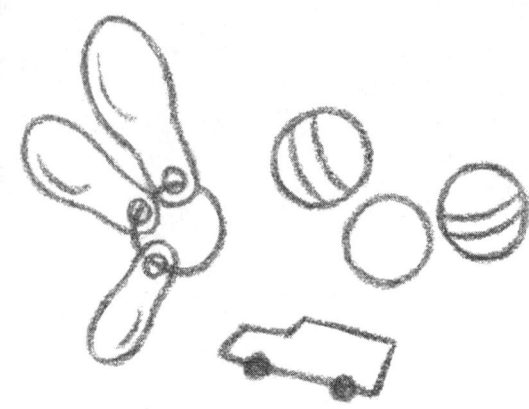

● Sie können die feinmotorischen Fähigkeiten Ihres Babys fördern, indem Sie
das Kind zu bestimmten Aktivitäten
anregen.

● Geben Sie ihm eine Reihe von kleinen und gefahrlosen Ge-
genständen zum Spielen. Beginnen Sie mit Messlöffeln, kleinen Bällen und kleinem Spielzeug.

● Legen Sie einen Gegenstand in die Hand Ihres Babys, und ermutigen Sie es dazu, ihn fallen zu lassen.

● Geben Sie ihm einen Behälter, in den es seine Schätze fallen
lassen kann, und beobachten Sie dann, wie es diese wieder
herausnimmt.

● Ermutigen Sie es dazu, Ihnen einen Gegenstand zu reichen,
und geben Sie ihm den Gegenstand dann wieder zurück.

● Kann Ihr Baby schon zwei Dinge mit derselben Hand festhalten? Vielleicht ist dies noch ein wenig schwierig, aber es wird
sicherlich auch dies bald selbst können!

# Stoffe fühlen

**6. bis 9. Monat**

# 76

**Was die Gehirn-
forschung sagt**
Spiele, welche die
Koordination von
Auge und Hand
fördern, sind wich-
tig für Ihr Baby,
da sie zur »Ver-
drahtung« des
Gehirns beitragen.

- Sammeln Sie Streifen aus verschiedenen Materialien – Wolle, Baumwolle, Samt, Satin und andere.

- Setzen Sie sich mit Ihrem Baby auf den Boden, und halten Sie ihm einen Stoffstreifen hin, sodass es danach greifen kann. Wenn es dies tut, loben Sie es.

- Wenn es den Stoffstreifen berührt hat, nennen Sie den Namen des Materials und legen es auf seine Handfläche.

- Beschreiben Sie, wie sich das Material anfühlt. »Das ist Samt. Er fühlt sich weich an.«

- Ihr Baby wird nicht all Ihre Worte verstehen, aber es wird den Klang Ihrer Stimme damit in Zusammenhang bringen, wie sich das Material anfühlt.

# Erbsen und Möhren

**Was die Gehirn-forschung sagt**
Die Übung der Koordination von Auge und Hand fördert die »Verdrahtung« des Gehirns.

- Babys essen liebend gern mit den Fingern. Tatsächlich ist dies ein wichtiger Schritt bei der Entwicklung der feinmotorischen Fähigkeiten.

- Wenn Babys Essen mit den Fingern anfassen und in den Mund stecken können, haben sie ein starkes und für sie ganz wunderbares Macht- und Kontrollgefühl.

- Legen Sie einige gekochte Erbsen und Möhren vor Ihrem Baby auf den Tisch.

- Singen Sie folgendes Lied zur Melodie von »Bruder Jakob«:

    *Erbsen, Möhren,*        *Schmecken knackig,*
    *Erbsen, Möhren*         *ganz schön schmackig.*
    *für das Kind,*          *Beiß nur zu,*
    *für das Kind.*          *beiß nur zu.*

- Lenken Sie die kleinen Finger zu den Erbsen und Möhren und dann zum Mund Ihres Babys. Wahrscheinlich wird Ihr Kleines Sie ebenfalls füttern wollen!

# Noch ein Pop-Spiel

**6. bis 9. Monat**

# 78

**Was die Gehirn-
forschung sagt**
Wenn Sie Ihr Baby
halten und strei-
cheln, wird sein
Gehirn angeregt,
wichtige Hormone
freizusetzen, die
ihm helfen, sich zu
entwickeln.

- Bewegung und Musik zusammen stimulieren beide Hirnhälften.
- Halten Sie Ihr Baby auf dem Arm, während Sie im Zimmer herumgehen. Singen Sie dabei.
- Schwingen Sie Ihr Baby hoch in die Luft und geben ihm einen Kuss.

*In die Lüfte heben.*
*Dann da oben schweben.*
*Jetzt im Kreise drehen.*
*Endlich stille stehen.*
*Lauter Blödsinn machen.*
*Dabei schrecklich lachen.*

# Singen und sprechen

**Was die Gehirnforschung sagt**
Je früher Ihr Kind mit Musik vertraut gemacht wird, desto mehr Lernpotenzial hat es. Kinder, mit denen viel gesprochen wird, sprechen im Alter von drei Jahren fast flüssig. Kinder, die keiner Spracherfahrung ausgesetzt sind, haben selbst als Erwachsene noch Sprachprobleme.

- In einer Untersuchung stellten Forscher der Universität Konstanz fest, dass »die Erfahrung von Musik neurale Schaltungen im Gehirn miteinander verdrahtet«.
- Singen Sie Ihrem Baby einige Ihrer Lieblingslieder vor.
- Egal, welches Lied Sie singen, Ihr Baby wird sich am Klang der Wörter erfreuen. Dabei spielt es keine Rolle, dass es sie nicht versteht.
- Wenn das Lied ein vertrautes Wort enthält, von dem Sie wissen, dass Ihr Baby es kennt, singen Sie dieses Wort lauter als die anderen.
- Statt zu singen, versuchen Sie, die Wörter auf unterschiedliche Weise zu sagen – mit Flüsterstimme oder mit leiser, lauter und auch mal mit hoher Stimme.
- Egal, ob Sie die Wörter singen oder sprechen, der Rhythmus eröffnet dem Gehirn Ihres Kindes viele Entwicklungsmöglichkeiten.

# Den Tag in Lieder verpacken

**Was die Gehirn-
forschung sagt**
Mit Liedern wer-
den einem Baby
Sprachmuster und
die sensorisch-
motorischen Fähig-
keiten vermittelt.

- Je mehr Wörter Ihr Baby hört, desto mehr entwickeln sich Teile seines Gehirns.
- Gehen Sie Ihren Tag in einem Lied durch. Denken Sie sich eine Melodie aus, und singen Sie über die Dinge, die Sie an diesem bestimmten Tag getan haben.
- Singen Sie über das Aufwachen, das Anziehen, das Frühstücken oder eine Fahrt im Auto.
- Sie können auch prima über Menschen im Leben Ihres Babys singen.
- Singen Sie über die Großeltern: »Oma hat dich lieb und gibt dir einen Kuss.«
- Singen Sie über die Geschwister: »Deine Schwester Susi hat dich lieb.«
- Singen Sie über Ihre Haustiere.
- Diese musikalischen »Gespräche« vermitteln Ihrem Baby eine Lerngrundlage.

# Beruhigendes Singen

**6. bis 9. Monat**

# 81

**Was die Gehirn-forschung sagt**
Zwischen Babys und ihren Eltern besteht eine enge emotionale Bindung, die sich im ersten Lebensjahr des Babys durch liebevolle Gespräche, lange Blicke und Lächeln weiter entwickelt.

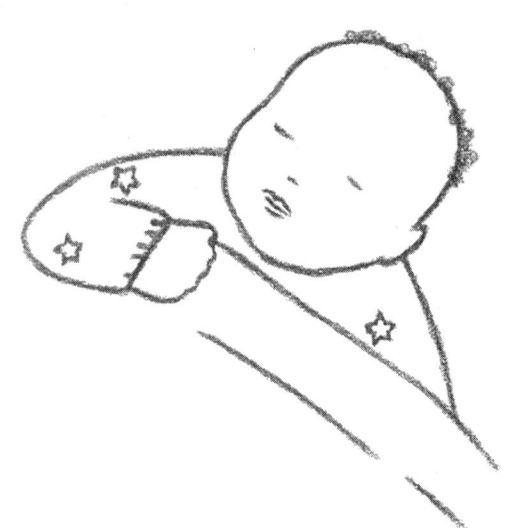

- Sie müssen kein großer Sänger sein, um Ihrem Baby etwas vorzusingen. Ihre weiche Stimme wird es beruhigen und ihm Geborgenheit vermitteln.
- Singen Sie die Melodie, während Sie Ihr Baby im Arm wiegen:

> *Schlaf, Kindchen, schlaf!*
> *Der Vater hüt' die Schaf.*
> *Die Mutter schüttelt's Bäumelein,*
> *fällt herab ein Träumelein.*
> *Schlaf, Kindchen, schlaf!*
> *Schlaf, Kindchen, schlaf!*

# Ein Gute-Nacht-Vers

**6. bis 9. Monat**

# 82

**Was die Gehirn-forschung sagt**
Wenn Sie Ihr Baby im Arm halten und mit ihm schmusen, entwickelt sich sein Gehirn.

● Wiegen Sie Ihr Baby, während Sie folgenden Vers sagen:

> *Gute Nacht, süßer Liebling, gute Nacht.*
> *Die Uhr tickt und sagt:*
> *»Wir haben uns fertig gemacht.«*
> *Gute Nacht, süßer Liebling, gute Nacht.*
> *Die Sterne funkeln und halten Wacht.*

● Legen Sie Ihr Baby sanft ins Bett, und sagen Sie: »Gute Nacht, gute Nacht.«

● Streicheln Sie seinen Rücken, und geben Sie ihm einen Kuss.

6. bis 9. Monat

83

Was die Gehirn-
forschung sagt
Das Üben der
kleinen Muskeln
regt die Hirnent-
wicklung an.

# Geliebte Schlüssel!

- Schlüssel sind ein Lieblingsspielzeug für Babys. Sie machen Geräusche und lassen sich von kleinen Händen leicht halten, und Babys lassen sie gerne hinunterfallen.
- Halten Sie die Schlüssel in der Hand, und sagen Sie: »Eins, zwei, drei, wir lassen die Schlüssel fallen.«
- Lassen Sie die Schlüssel auf den Boden fallen, und sorgen Sie dafür, dass Ihr Baby beobachtet, wie sie fallen.
- Legen Sie die Schlüssel in die Hand Ihres Babys, und wieder-holen Sie das Ganze.
- Öffnen Sie die Finger Ihres Babys, und lassen Sie die Schlüs-sel fallen.
- Nach einigen Versuchen, wird Ihr Baby wissen, was es tun muss, und seinen Spaß an diesem Spiel haben.
- Dies ist ein ausgezeichnetes Spiel zur Entwicklung der Fein-motorik!

# Winken

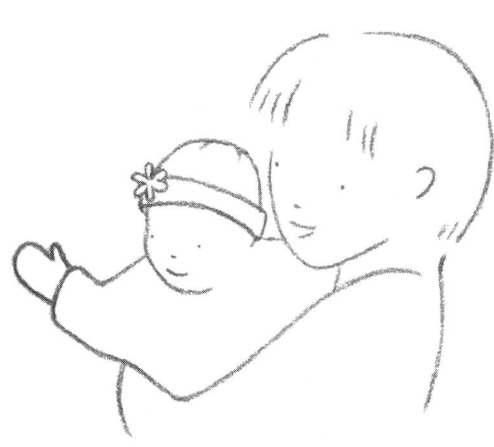

**Was die Gehirn-
forschung sagt**
Wissenschaftler
sagen, dass
die Schaffung
einer Bindung
zu Ihrem Baby
der wichtigste
Faktor in seiner
Entwicklung ist.

- Bewegen Sie die Füße und Hände Ihres Babys, um Menschen oder Tieren, die es kennt, zuzuwinken.
- Dieses Spiel wird am besten dann gespielt, wenn sich tatsächlich andere Menschen im Zimmer aufhalten.
- Singen Sie dieses Lied zu einer Fantasiemelodie:

  *Das Leben in der Stadt,*
  *das hat das Hühnchen satt.*
  *Sagt schnell: ›Auf Wiedersehen,*
  *auf Reisen will ich gehen!‹*
  *Es schnürt dann sein Päckchen,*
  *holt sich noch sein Fräckchen,*
  *packt Koffer und ein Säckchen,*
  *dann fliegt es davon.*

- Sie können mit den Händen oder Füßen Mama, Oma, Opa, Freunden und Haustieren zuwinken.

# Plansch, plansch

**Was die Gehirn-
forschung sagt**
Jede neue motori-
sche Fähigkeit
muss ständig
wiederholt werden,
um die neuralen
Schaltungen zu
stärken.

- Dies ist ein gutes Spiel, das man draußen in einem Kinder-planschbecken oder in einer großen Wanne Wasser durch-führen kann.
- Legen Sie einige Schwämme ins Wasser, und zeigen Sie Ihrem Baby, wie es das Wasser aus den Schwämmen drücken kann.
- Lassen Sie das ausgedrückte Wasser auf Ihre Hände, Arme und andere Körperteile tropfen.
- Geben Sie Ihrem Baby jetzt einige Plastikbecher, und zeigen Sie ihm, wie es das Wasser in die Becher ausdrücken kann.
- Dieses Spiel wird Ihr Baby beschäftigen. Es ist vorzüglich zur Entwicklung der feinmotorischen Fähigkeiten geeignet.
- Wandeln Sie das Spiel ab, indem Sie beim Ausdrücken der Schwämme lustige Wörter sagen.

# Spaß beim Zuhören

**Was die Gehirn-
forschung sagt**
Wenn man beim
Sprechen zwi-
schen den Wörtern
Pausen einlegt,
können Babys sich
besser auf die
Laute der Sprache
konzentrieren.

- Je mehr Erfahrung Ihr Baby im Zuhören gewinnt, desto besser wird sich seine Sprache entwickeln.
- Beziehen Sie Ihr Baby möglichst stark in Familiengespräche mit ein. Wenn es am Esstisch den Erzählungen der anderen Familienmitglieder zuhört, wird es unzählige neue Wörter erlernen.
- Denken Sie immer daran, dass Ihr Baby die Wörter zwar nicht sagen, aber dennoch verstehen kann.
- Hören Sie Radio, und wechseln Sie zwischen verschiedenen Sendern ab. Durch Musik und Nachrichten vernimmt es viele verschieden klingende Stimmen.
- Oftmals wird es auf das Gehörte auch reagieren. Versuchen Sie, es zu Reaktionen zu ermuntern und mit ihm zu kommunizieren.

# Lesetipps

**Was die Gehirn-
forschung sagt**
Der Erwerb eines
Satzes an Lauten
ist ein erster
Schritt hin zur
Sprache, aber nur
ein winziger
Schritt. Um Spra-
che entschlüsseln
zu können, muss
man die Wörter
erkennen.

- Nehmen Sie sich jeden Tag Zeit für Bücher. Die Zeit vor dem Zubettgehen ist oft gut geeignet.
- Wählen Sie Bücher mit kurzen Sätzen und einfachen Illustrationen aus.
- Lassen Sie Ihr Baby das Buch halten und die Seiten umblättern.
- Benennen Sie nur die Bilder. Die Geschichte kommt später.
- Halten Sie inne, und sprechen Sie über alles, für das sich Ihr Baby zu interessieren scheint. Ein Bild erinnert es möglicherweise an etwas anderes, das es erlebt hat. Führen Sie ein Gespräch, und verwenden Sie viele beschreibende Wörter.
- Es kann gar nicht genug betont werden, wie wichtig Wiederholungen sind. Ihr Baby wird dasselbe Buch immer wieder anschauen wollen. Je mehr Sie wiederholen, desto mehr Teile des Gehirns werden miteinander »verdrahtet«.

106

# Wir wollen klettern

**6. bis 9. Monat**

# 88

**Was die Gehirn-forschung sagt**
Jedes junge Gehirn bildet mit der ihm eigenen Geschwindigkeit die Neural- und Muskelverbindungen, die zum Krabbeln und Klettern erforderlich sind.

- Es lässt sich nicht vermeiden! Ihr Baby wird auf alles, was es sieht, hinaufklettern wollen. Sie können ihm dabei helfen, sodass sich die grobmotorischen Muskeln entwickeln.
- Nehmen Sie mehrere weiche Kissen, und legen Sie sie auf dem Boden auf einen Stoß.
- Setzen Sie Ihr Baby vor die Kissen.
- Nehmen Sie jetzt ein Lieblingsspielzeug, und legen Sie es oben auf eins der Kissen. Dadurch wird es zu weiteren Aktivitäten angeregt.

# Das Zeichensprachespiel

**6. bis 9. Monat**

## 89

**Was die Gehirn-
forschung sagt**
Das Gehirn ist in
der Lage, ein
Leben lang zu
lernen, aber zu
keiner anderen
Zeit lernt es so
viel wie im Klein-
kindalter.

- Es wurden viele Untersuchungen darüber angestellt, wie man Babys eine Zeichensprache beibringen kann.

- Wenn Sie Ihrem Baby beispielsweise ein Buch vorlesen, in dem eine Katze abgebildet ist, können Sie das Wort sagen und das entsprechende Zeichen machen. Dies hilft ihm, die Verbindung zwischen Wort und Bild herzustellen.

- Sie können Ihrem Baby drei einfache Zeichen beibringen:
  - Katze – streicheln Sie mit der Handfläche der einen Hand die andere Hand.
  - Fisch – öffnen und schließen Sie Ihren Mund wie ein Fisch.
  - Vogel – bewegen Sie Ihre Arme wie Flügel auf und ab.

- Lieder in Zeichensprache, in denen diese Wörter eingesetzt werden, sind eine ausgezeichnete Möglichkeit, die Zeichen zu verstärken. Ein Lied wie »Old MacDonald« ist dazu gut geeignet.

# Der neunte bis zwölfte
# Lebensmonat

# Die Umwelt erforschen

**Was die Gehirn-forschung sagt**
Frühkindliche Erfahrungen üben eine dramatische und präzise Wirkung aus, die darüber entscheidet, wie die komplizierten neuralen Schaltungen des Gehirns miteinander »verdrahtet« werden.

- An einem schönen Tag draußen zu spielen, ist eine sehr gute Möglichkeit, alle Sinne zu erfahren.
- Lassen Sie Ihr Baby auf dem Rasen krabbeln, während Sie neben ihm herkrabbeln.
- Benennen Sie jedes Ding, für das sich Ihr Baby zu interessieren scheint, beim Namen.
- Riechen Sie an den Blumen, kitzeln Sie es mit Gras, suchen Sie nach Käfern. Es gibt so viel zu tun und zu entdecken!
- Auf dem Rasen herumzurollen macht Freude, und Ihrem Baby wird das leichte, kitzelnde Gefühl dabei Spaß machen.

# Wer suchet, der findet

**Was die Gehirn-forschung sagt**
Das Gehirn eines Babys kann jeden erdenklichen Laut in allen Sprachen unterscheiden. Im Alter von zehn Monaten haben Babys gelernt, fremde Laute »aus-zusieben« und sich auf die Laute der eigenen Sprache zu konzentrieren.

- Hinzuhören, wo sich eine Geräuschquelle befindet, ist ein optimales Spiel zur Gehörentwicklung.
- Diese Spiele müssen in den ersten Lebensjahren gespielt werden, um die Verbindungen im Gehirn später zu stärken.
- Sie brauchen einen Wecker zum Aufziehen, der einen angenehmen Klang hat.
- Nehmen Sie den Wecker zur Hand, und singen Sie ein kleines Tick-Tack-Lied mit Ihrem Baby:

> *Tick, tick, tick, tack,*
> *macht die Uhr.*
> *Tick, tack.*

- Jetzt verstecken Sie den Wecker unter einem Kissen.
- Fragen Sie Ihr Baby: »Wo ist die Tick-Tack-Uhr?«
- Helfen Sie ihm, den Wecker zu finden, indem es dem Klang folgt. Wenn es versteht, worum es geht, wird es dieses Spiel immer wieder spielen wollen.

# Rein und raus

**Was die Gehirn-
forschung sagt**
Die ersten Er-
fahrungen beein-
flussen die Art
und Weise, wie
Schaltungen im
Gehirn hergestellt
werden.

- Das Verstehen räumlicher Konzepte wie rein, raus, über, un-
ter und hinter sind wichtig für die Entwicklung des Gehirns.
- Spiele, die dieses Verständnis unterstützen, werden für Ihr
Baby in der Zukunft von Nutzen sein.
- Beginnen Sie mit drinnen und draußen.
- Nehmen Sie eine große Papiertüte zur Hand, und stecken
Sie das Lieblingsspielzeug Ihres Babys hinein.
- Helfen Sie Ihrem Baby, das Spielzeug zu finden und es he-
rauszuholen.
- Stecken Sie es wieder und wieder hinein.
- Denken Sie sich einen komischen Vers ähnlich wie den hier
aufgeführten aus, und singen Sie ihn jedes Mal, wenn Sie das
Spielzeug wieder in die Tüte zurückbefördern.

> *Sackie, wackie, Spielzeug,*
> *bum, bum, bum.*
> (Sagen Sie das letzte »Bum« lauter.)

# Wo ist ...?

**Was die Gehirn-
forschung sagt**
Eine liebevolle
Beziehung zu
einem Baby stärkt
die biologischen
Systeme, die ihm
helfen, mit Emo-
tionen umzu-
gehen.

- Setzen Sie sich zusammen mit Ihrem Baby hin und betrach-
ten Sie gemeinsam Bilder.
- Wählen Sie ein Bild von einem Familienmitglied aus.
- Sprechen Sie über das Bild, und benennen Sie die Person.
Wiederholen Sie den Namen, und fordern Sie Ihr Baby auf,
auf die Person auf dem Bild zu zeigen.
- Jetzt decken Sie das Bild mit der Hand ab und bitten Ihr
Baby, die Person zu finden.
- Setzen Sie dieses Spiel mit einem anderen Bild fort.
- Sie werden wahrscheinlich überrascht sein, wie viel Ihr Baby
bereits versteht.

# Wo ist das Baby?

**Was die Gehirn-
forschung sagt**
Forscher bestäti-
gen heute, dass
sich die Art und
Weise der Inter-
aktion mit Ihrem
Baby und die Er-
fahrungen, für die
Sie sorgen, auf
seine emotionale
Entwicklung und
seine Lernfähig-
keit auswirken.

- Suchen Sie mehrere Bilder von Babys zusammen, und verstecken Sie sie an verschiedenen Stellen.

- Wählen Sie Stellen aus, mit denen Ihr Baby vertraut ist – die Spielzeugkiste, die Decke über der Wickelkommode oder den Platz unter einem Teller auf dem Tischchen des Hochstuhls.

- Sagen Sie: »Wir wollen das Baby suchen.«

- Stellen Sie verschiedene Fragen: »Ist es in der Spüle?« »Ist es auf dem Stuhl?«

- Schließlich stellen Sie folgende Frage: »Ist es in der Spielzeugkiste (oder an einem anderen Ort)?«

- Wenn Ihr Baby das Bild findet, loben Sie es ausgiebig und klatschen in die Hände.

- Sie können dieses Spiel auch mit Bildern von anderen Familienmitgliedern und Freunden spielen.

# Ich berühre

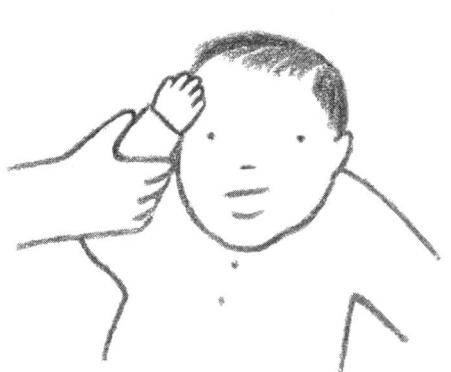

**Was die Gehirn-
forschung sagt**
Wenn Babys
berührt werden,
wird ihre Ver-
dauung unter-
stützt und Stress
reduziert.

- Der nachfolgende Vers hilft Ihrem Baby, seine Körperteile zu identifizieren:
- Zuerst sagen Sie den Vers auf und zeigen bei sich auf die entsprechenden Körperteile.
- Dann nehmen Sie die Hand Ihres Babys und zeigen auf die Körperteile bei ihm, während Sie folgenden Spruch aufsagen:

*Ich berühr mein Kinn, meine Wange, meinen Stuhl.*
*Ich berühr meinen Kopf, meine Fersen, mein Haar.*
*Ich berühr meine Knie, meinen Hals, meine Nase.*
*Dann bück ich mich und berühr meine Zehen.*

# Papa, Mama und Onkel Johann

**Was die Gehirn-
forschung sagt**
Eine starke emo-
tionale Bindung zu
Ihrem Baby wirkt
sich auf seine Kör-
persysteme aus,
die sich Stresssi-
tuationen dann
besser anpassen
können.

- Nehmen Sie Ihr Kind auf den Schoß, sodass es Sie anschaut, und sagen Sie folgenden Vers auf, während Sie es auf Ihren Knien hopsen lassen.
- Bei den Wörtern »Papa fällt runter« halten Sie Ihr Baby fest und tun so, als ob Sie zu einer Seite fallen.
- Bei den Wörtern »Mama fällt runter« halten Sie Ihr Baby wieder fest und tun so, als ob Sie zur anderen Seite fallen.

> *Papa, Mama und Onkel Johann*
> *fahren zum Doktor mit der Bahn.*
> *Papa fällt runter,*
> *Mama fällt runter,*
> *aber nicht Onkel Johann.*
> *Papa fällt runter,*
> *Mama fällt runter,*
> *aber nicht Onkel Johann.*

# Das ist Bill

**9. bis 12. Monat**

# 97

**Was die Gehirn-
forschung sagt**
Wenn man ein
Baby hält und mit
ihm schmust, wird
Stress bei ihm
reduziert.

● Nehmen Sie Ihr Baby auf den Schoß.

● Umfassen Sie seine Fersen, und sagen Sie folgenden Spruch
auf:

> *Rechts rüber,*
> *links drüber –*
> *es treiben dort*
> *zwei Beine Sport,*
> *strengen sich an,*
> *Mann, o Mann!*

## Spielzeug waschen

**Was die Gehirn-
forschung sagt**
Sinnliche Erfah-
rungen und soziale
Interaktion mit
Kleinkindern
fördern die zukünf-
tigen intellektuel-
len Fähigkeiten.

- Nasse Waschlappen gefallen allen Babys. Das Material fühlt
  sich am ganzen Körper, besonders im Gesicht gut an.
- Spielen Sie das Kuckucksspiel mit einem Waschlappen,
  wenn Sie Ihr Baby baden.
- Stecken Sie ein kleines Spielzeug in einen Waschlappen, und
  lassen Sie Ihr Baby die Hand hineinstecken, um das Spielzeug zu finden.
- Geben Sie Ihrem Baby den Waschlappen, damit es sich damit
  das Gesicht waschen kann.
- Singen Sie folgendes Lied zu einer beliebigen Melodie:

  *Wasch, wasch, wasch den Ball.*
  *Mach ihn fein und sauber.*
  *Schrubben, schrubben, schrubben.*
  (Bewegen Sie die Hand des Kindes
  mit dem Waschlappen über den Ball.)
  *Jetzt ist er fein und sauber.*

# Lustige Kitzelei
# für die Badewanne

**Was die Gehirn-
forschung sagt**
Sprachfertigkeiten
und die spätere
Sprachkapazität
entwickeln sich am
besten in einer
Umgebung, in der
viel gesprochen
wird.

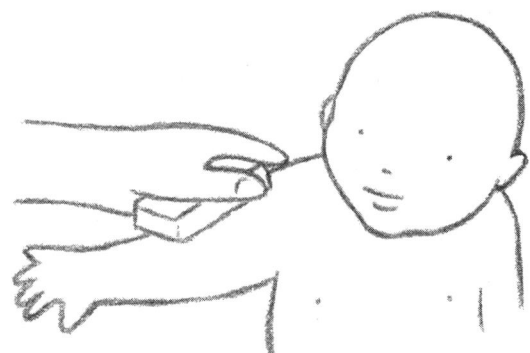

- Dies ist ein netter Kinderreim, den Sie singen und spielen können, wenn Sie Ihr Baby baden.

> *Kätzchen läuft die Trepp' hinan,*
> *hat ein rotes Jäckchen an,*
> *auf dem Kopf ein grüner Hut,*
> *steht der Katze wirklich gut.*
> *Sie geht den Hund besuchen,*
> *bringt frischen Apfelkuchen.*
> *Miau, Miau, Mioh –*
> *das ist nun einmal so.*

- Nehmen Sie Seife oder Waschlappen zur Hand, und fahren Sie damit langsam den Arm Ihres Babys hinauf, während Sie singen: »Kätzchen läuft die Trepp' hinan.«
- Bei den Wörtern »miau, miau, mioh« kitzeln Sie es unter dem Arm und lassen das Wasser spritzen.

# Wie schnell fällt Eis

**Was die Gehirn-forschung sagt**
Wissenschaftler befassen sich zur Zeit damit, wie Erfahrungen nach der Geburt die tatsächlichen »Verdrahtungen« im menschlichen Gehirn festlegen.

- Dieses Spiel ist wunderbar für die Badewanne geeignet.
- Füllen Sie einen Becher mit Eiswürfeln, und geben Sie Ihrem Kind einen anderen Becher.
- Lassen Sie einen Eiswürfel in die Wanne fallen, und beobachten Sie, ob Ihr Baby ihn mit seinem Becher wieder herausfischen kann.
- Dies macht viel Spaß, da es den Eiswürfel mit seinem Becher verfolgen muss.
- Wenn es Schwierigkeiten dabei hat, zeigen Sie ihm, wie es den Eiswürfel fangen kann.
- Bei einem anderen lustigen Spiel mit Eiswürfeln geben Sie einen Eiswürfel in die Hand Ihres Babys und zeigen ihm, wie es ihn ins Wasser fallen lassen und mit seinem Becher wieder auffangen kann.

# Ruderboot

- Bei diesem Spiel für die Badewanne entwickeln Sie Ver-trauen zwischen sich und Ihrem Kind.
- Während Ihr Baby in der Badewanne sitzt, halten Sie es fest und steuern es im Wasser wie ein Boot hin und her.
- Während Sie Ihr Baby durchs Wasser bewegen, singen Sie:

	*Ruder-, Ruderboot,*
	*immer den Fluss hinab.*
	*Ruder-, Ruderboot,*
	*immer den Fluss hinauf. Platsch!*
	(Spritzen Sie mit Wasser.)

- Singen Sie andere Wasser- oder Regenlieder, während Sie dieses Spiel spielen.

# Eins, zwei, drei, kick

**Was die Gehirn-forschung sagt**
Die regelmäßige Bewegung der Muskeln ist wichtig. So werden sie kräftig und geschmeidig und verfügen so über eine Spannung, die wichtig für die Entwicklung des Nervensystems ist.

- Zeigen Sie Ihrem Kind, wie man sich an einem Stuhl festhalten und das Bein hochwerfen kann.
- Ermutigen Sie es dazu, Sie nachzuahmen.
- Sagen Sie: »Eins, zwei, drei, kick«, und werfen Sie das Bein bei dem Wort »kick« hoch.
- Babys macht es viel Spaß, auf das Wort »kick« zu warten. Das Hochwerfen des Beins fördert die Muskelkraft.
- Bewegen Sie das Bein nach vorn, zur Seite und nach hinten.
- Zählen Sie zur Abwechslung leise, und sagen Sie das Wort »kick« mit lauter Stimme.

# La-di-da

**Was die Gehirn-
forschung sagt**
Die Verbindungen, die von den Neuronen untereinander hergestellt werden, bezeichnet man als Synapsen. Obwohl sich verschiedene Teile des Gehirns unterschiedlich schnell entwickeln, zeigen Untersuchungen immer wieder, dass die Hauptproduktionszeit für Synapsen in die Jahre ab der Geburt bis zum Ende der Grundschulzeit fällt.

- Dies ist eine gute Dehnübung und eine ausgezeichnete Möglichkeit, die Namen der Körperteile zu erlernen.
- Heben Sie die Arme hoch. Dann bücken Sie sich und versuchen, Ihre Zehen zu berühren.
- Ermutigen Sie Ihr Baby, dasselbe zu tun.
- Während Sie die Arme hochheben, sagen Sie:

  *Hoch in die Luft,*
  *hinunter zu den Zehen.*
  *La di da, la di da, la di da.*

- Wiederholen Sie dies mehrmals, und benennen Sie dann andere Körperteile. Sagen Sie beispielsweise:

  *Hoch in die Luft,*
  *hinunter zu den Knien.*
  *La di da, la di da, la di da.*

- Ihrem Baby wird es Spaß machen, die Wörter »la di da« zu wiederholen.

# Rollen

**Was die Gehirn-
forschung sagt**
Eine starke,
sichere Bindung
an einen fürsorg-
lichen Erwachse-
nen kann eine
biologische
Schutzfunktion
haben, die dem
heranwachsenden
Kind hilft, den
Belastungen des
Alltags standzu-
halten.

- Zeigen Sie Ihrem Baby, wie man eine Faust macht.
- Nehmen Sie seine Fäuste, und bewegen Sie sie im Kreis.
- Während Sie sie im Kreis bewegen, sagen Sie folgenden Vers:

  *Kleine Hände, rollen, rollen,*
  *rollen die Straße runter.*
  *Langsam rollen,* (Bewegen Sie die Hände langsam.)
  *immer schneller,* (Werden Sie schneller.)
  *rollen, rollen, rollen.* (Immer schneller rollen.)

- Beenden Sie das Spiel mit einer Umarmung und einem dicken Kuss.

# Lustige Scherze

- Sie können bei Ihrem Baby das Bewusstsein für seine Umwelt entwickeln.
- Setzen Sie sich mit Ihrem Baby auf den Boden, sodass es sie ansieht.
- Tun Sie verschiedene alberne Dinge, und fordern Sie Ihr Baby auf, Sie nachzuahmen. Hier sind einige Vorschläge:

   – Schneiden Sie eine Grimasse.
   – Strecken Sie die Zunge heraus, und machen Sie ein komisches Geräusch dazu.
   – Bewegen Sie den Kopf in verschiedene Richtungen, nach oben und unten und von einer Seite zur anderen.
   – Trommeln Sie mit den Fäusten auf die Brust und kreischen Sie dabei.
   – Ahmen Sie verschiedene Tiergeräusche nach.
   – Legen Sie sich auf den Rücken, und strampeln Sie mit den Beinen in der Luft.
   – Gehen Sie auf die Hände und Knie, und bellen Sie wie ein Hund.

- Wenn Sie einige dieser Aktivitäten durchgeführt haben, wiederholen Sie sie vor dem Spiegel. Wenn Ihr Baby sich selbst dabei beobachtet, hat es noch mehr Spaß und entwickelt zusätzliches Körperbewusstsein.

# Ein großer Spaß: die Ringpyramide!

**Was die Gehirn-forschung sagt**
Die Entwicklung Ihres Babys wird durch eine Umgebung gefördert, die emotionale und intellektuelle Anregungen bietet.

- Eine Ringpyramide bietet viele Möglichkeiten für das Entwicklungsspiel.
- Abhängig von den Entwicklungsbedürfnissen und Fähigkeiten Ihres Babys fordern Sie es auf, folgende Dinge zu tun:
  - Die Ringe aufeinander legen, wobei einmal mit den großen und dann mit den kleinen begonnen wird, oder die Ringe in beliebiger Reihenfolge stapeln.
  - Die Ringe werfen.
  - Die Ringe auf die Finger stecken.
  - Die Ringe in den Mund stecken.
  - Die Ringe drehen.
- Jedes Spielzeug bietet kreative Möglichkeiten. Helfen Sie Ihrem Baby zu erkennen, wie man auf unterschiedliche Weise mit Spielzeug spielen kann.

# Huckepack

**Was die Gehirn-
forschung sagt**
Wenn Babys
berührt, gestrei-
chelt und umarmt
werden, verdauen
sie ihre Nahrung
leichter.

- Wenn Ihr Baby gerne huckepack getragen wird, ist dieses Spiel genau richtig:
- Ihr Baby sollte auf Ihren Schultern sitzen, sodass seine Beine vorne herabhängen (oder auf Ihrem Rücken, wobei es seine Arme um Ihren Hals legt).
- Halten Sie seine Hände fest, während Sie sich bewegen. Sagen Sie dabei:
  *Wir laufen, laufen, laufen überall herum.*
  *Schneller, schneller, schneller laufen wir herum.*
- Machen Sie verschiedene Bewegungen, wenn Sie Ihr Kind huckepack tragen – hopsen, springen, marschieren Sie, gehen Sie im Kreis, gehen Sie langsam oder schnell und so weiter.
- Huckepackspiele helfen, den Gleichgewichtssinn zu stärken.

# Hoppe, hoppe, Reiter

**Was die Gehirn-forschung sagt**
Die Lieder, Bewegung und musikalische Spiele der Kindheit werden von Wissenschaftlern als »brillante neurologische Übungen« bezeichnet, bei denen Kindern Sprachmuster, sensorisch-motorische Fähigkeiten und wichtige Bewegungen vorgestellt werden.

- Sagen Sie diesen beliebten Kinderreim auf, während Sie Ihr Baby auf den Knien hopsen lassen.

*Hoppe, hoppe, Reiter.* (Lassen Sie Ihr Baby hopsen.)
*Wenn er fällt, dann schreit er.*
*Fällt er in den Sumpf,*
*macht der Reiter plumps.*

(Öffnen Sie die Knie und lassen Sie Ihr Baby hindurch rutschen, wobei Sie es sicher festhalten.)

- Geben Sie Ihrem Baby sein Lieblingskuscheltier zum Festhalten, während Sie dieses Spiel spielen.
- Auf diese Weise bekommt es möglicherweise die Idee, das Spiel auch mit seinem Kuscheltier zu spielen.

# Kinn an Kinn

**9. bis 12. Monat**

# 109

**Was die Gehirn-
forschung sagt**
Der größte Teil der
Hirnentwicklung
findet nach der
Geburt statt. Die
Erfahrungen, die
das Kind macht,
formen die sich
entwickelnde
Struktur seines
Gehirns.

- Legen Sie Ihr Baby auf den Rücken, und berühren Sie sein Kinn.
- Sagen Sie das Wort »Kinn«, und berühren Sie Ihr Kinn.
- Berühren Sie das Kinn Ihres Babys mit Ihrem Kinn, und wiederholen Sie das Wort.
- Wiederholen Sie diese Aktivität immer wieder mit verschiedenen Körperteilen, mit denen Sie dieselben Körperteile bei Ihrem Baby berühren.
- Gesicht, Nase, Wange und Kopf sind für den Anfang gut geeignet.
- Wenn Ihr Baby auf diese Weise erkennt, dass es dieselben Körperteile hat wie Sie, wird es seine Umwelt bewusster wahrnehmen.

# Mach mich nach!

**Was die Gehirn-
forschung sagt**

Die meisten Wis-
senschaftler sind
heute der Meinung,
dass die motorische
Entwicklung ein-
tritt, wenn das
Gehirn für die
jeweilige Aufgabe
»verdrahtet«
wurde. Ähnlich wie
bei Finken und
Spatzen, die das
Singen entweder
gleich nach dem
Schlüpfen – oder
gar nicht erlernen.

- Die Entwicklung der grobmotorischen Fähigkeiten fördert die Entwicklung von Verbindungen im Gehirn.

- Machen Sie eine Aktivität vor und fordern Sie Ihr Kind auf, Sie nachzuahmen. Wenn es nicht versteht, was »Mach mich nach« bedeutet, bewegen Sie seinen Körper, damit es Sie nachahmt.

- Stellen Sie sich möglichst vor einen großen Spiegel, wenn Sie dieses Spiel spielen.

- Hier sind einige Dinge, die Sie tun können:

  – Machen Sie Riesenschritte – wenn Ihr Kind noch nicht laufen kann, tun Sie es im Krabbeln.

  – Machen Sie kleine Schritte – wenn Ihr Kind noch nicht laufen kann, tun Sie es im Krabbeln.

  – Strecken Sie einen Arm seitlich aus, und machen Sie große Kreisbewegungen.

  – Machen Sie Kreisbewegungen mit dem anderen Arm.

  – Halten Sie einen großen Wasserball fest, lassen Sie ihn fallen, und heben Sie ihn wieder auf.

# Wir ziehen hin und her

- Mit diesem Spiel wird die Muskulatur Ihres Babys gestärkt, und es wird dabei viel Spaß haben.
- Setzen Sie sich vor Ihr Baby auf den Boden hin.
- Nehmen Sie das Ende eines langen Tuchs in die Hand, und geben Sie Ihrem Baby das andere Ende.
- Ziehen Sie leicht an dem Tuch, und zeigen Sie Ihrem Baby, wie es ebenfalls daran ziehen kann.
- Wenn es anfängt, stärker zu ziehen, lassen Sie sich hinfallen. Das sorgt bei Babys immer für viel Gelächter.

# Schnelle und langsame Rhythmen

**Was die Gehirn-
forschung sagt**
Frühe musikali-
sche Erfahrungen
steigern und
verbessern das
räumlich-zeitliche
Denken und das
Erlernen mathe-
matischer
Konzepte.

- Geben Sie Ihrem Baby Holzlöffel oder Schlaghölzer.
- Setzen Sie es in sein Hochstühlchen, auf den Boden oder dorthin, wo zum Schlagen der Hölzer eine schöne Oberfläche vorhanden ist.
- Nehmen Sie ebenfalls Holzlöffel oder Schlaghölzer zur Hand.
- Singen Sie ein Lied, beispielsweise »Backe, backe, Kuchen«, und schlagen Sie mit den Stäben den Takt dazu.
- Singen Sie dasselbe Lied immer schneller, und schlagen Sie die Stäbe immer schneller zusammen.
- Singen Sie das Lied langsam, und schlagen Sie die Stäbe langsam zusammen.
- Ihr Baby wird fasziniert beobachten, wie Sie die Stäbe schneller und langsamer zusammenschlagen. So begreift es den Unterschied von schnell und langsam.

# Schau,
# was mein Mund kann!

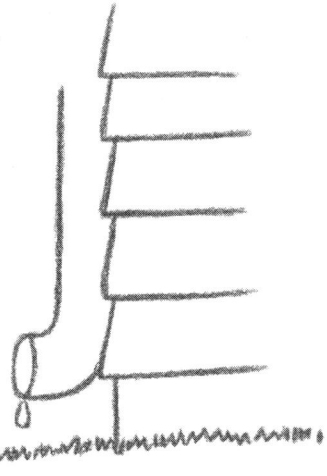

**Was die Gehirnforschung sagt**
Lieder, Bewegung und musikalische Spiele in der Kindheit sind neurologische Übungen, die Kindern helfen, Sprachmuster und motorische Fähigkeiten zu entwickeln.

- Wenn sich die Sprachfähigkeiten bei Ihrem Baby entwickeln, wird es voller Freude die vielen Dinge entdecken, die es mit seinem Mund tun kann.
- Wählen Sie ein Lied aus, das Ihr Kind gerne hört. Beliebt sind »Schlaf, Kindlein, schlaf«, »Backe, backe, Kuchen« und »Alle meine Entchen«.
- Singen Sie das Lied auf unterschiedliche Weise – mit hoher Stimme, Flüsterstimme oder summend.
- Wenn Ihr Baby dieses Lied auf immer andere Art hört, wird es versuchen, Sie nachzuahmen, und so seine Sprachfähigkeiten entwickeln.

# Das kleine, kleine Hündchen

**Was die Gehirn-forschung sagt**
Die Verbindung zwischen Musik und räumlichem Denken ist wichtig, denn die räumlichen Denkfähig-keiten sind Teil des abstrakten Denkens.

- Singen Sie dieses Lied zu einer erfundenen Melodie, und set-zen Sie vertraute Tiere ein, die Ihr Baby erkennt.

    *Das kleine, kleine Hündchen*
    *kletterte das Rohr hinauf.*
    (Laufen und bellen Sie wie ein Hund.)
    *Da kam der Regen und spülte es hinunter.*
    (Lassen Sie sich auf den Boden fallen.)
    *Heraus kam die Sonne, und trocknete den Regen.*
    (Stellen Sie die Sonne dar, indem Sie Ihre Arme in einem Kreis über Ihren Kopf führen.)
    *Und das kleine, kleine Hündchen kletterte wieder hinauf.* (Laufen und bellen Sie wie ein Hund.)

- Wiederholen Sie das Lied mit »Schwein«, »Kuh« und ande-ren Tiernamen, die Ihr Baby kennt.

# Ein Blinzelspiel

**9. bis 12. Monat**

# 115

**Was die Gehirn-forschung sagt**
Die Wissenschaft bestätigt, dass die stärkste Musik-begabung gleich nach der Geburt vorhanden ist. Säuglinge verfügen über eine Vielzahl von Synapsen, die sie aufgeschlossen macht zum Er-lernen von Musik.

- Musik ordnet den Rhythmus der Sprache.
- Nehmen Sie Ihr Baby auf den Schoß, sodass es Sie ansieht. Dies ist am einfachsten, wenn Sie auf dem Boden sitzen.
- Singen Sie das Lied »Blinzle, blinzle, kleiner Stern«, während Sie die Hände Ihres Babys halten.
- Beim letzten Wort in jeder Zeile, patschen Sie seine Hände zusammen, während Sie das Wort etwas lauter betonen.

> *Kleiner, gelber Glitzer,*
> *leuchtend heller Blitzer –*
> *ach, mein lieber Stern,*
> *ich hab dich doch so gern!*
> *Vom Himmel hol ich dich*
> *und hab dich dann für mich!*

# Musik spiegelt Gefühle

**Was die Gehirn-forschung sagt**
Gemeinsames Sprechen, Lesen und Singen wirken sich bei Ihrem Baby ein Leben lang positiv auf die Entwicklung seines Gehirns aus.

● Durch das Singen über Gefühle versteht Ihr Kind die Sprache und den Ausdruck von Gefühlen.

● Singen Sie das folgende Lied zur Melodie von »Bruder Jakob«:

*Bist du glücklich, bist du glücklich?*
*Ja, ich bin's, ja, ich bin's.*
*Glücklich, glücklich, glücklich,*
*glücklich, glücklich, glücklich.*
*Froh, froh, froh,*
*froh, froh, froh.* (Singen Sie das Lied mit einem glücklichen, frohen Gesicht.)
*Bist du komisch, bist du komisch …* (Singen Sie diese Strophe mit einem komischen Gesicht weiter.)
*Bist du böse, bist du böse …* (Singen Sie diese Strophe mit einem wütenden Gesicht weiter.)
*Bist du traurig, bist du traurig …* (Singen Sie diese Strophe mit einem traurigen Gesicht weiter.

● Sie können dieses Spiel auch mit den motorischen Fähigkeiten wie Springen, Rennen und Marschieren spielen.

# Erste Laute

**Was die Gehirn-
forschung sagt**
Eine höhere
Stimmlage erweckt
die Aufmerksam-
keit Ihres Kindes.
Wenn Sie langsam
und mit sorgfälti-
ger Aussprache
sprechen, fällt es
Ihrem Baby leich-
ter, die einzelnen
Wörter zu unter-
scheiden.

- Die ersten Laute, die Ihr Baby wahrscheinlich sprechen wird, sind p, m, b und d.
- Wenn Sie auf diese Laute reagieren, wird es sie ständig wiederholen.
- Ahmen Sie diese Laute nach, und wiederholen Sie sie.
- Singen Sie Ihre Lieblingslieder, wobei Sie nur die Laute verwenden, die Ihr Baby macht.
- Wenn Sie mit Ihrem Baby mit hoher Stimme sprechen, wie Eltern es instinktiv tun, wird es genauer zuhören.
- Nehmen Sie seine niedliche Babysprache mit dem Kassettenrekorder auf. Sie werden in späteren Jahren froh darüber sein, diese Aufnahmen zu haben.

# Kinn, Knie, Kopf

**Was die Gehirn-
forschung sagt**
Ein Kind, mit dem
oft und einfühlsam
gesprochen wird,
entwickelt eher
die Fähigkeit,
Sprache komplex
einzusetzen.

- Singen Sie die folgenden Zeilen zu einer beliebigen Melodie:

  *Mein Kinn, mein Knie, mein Kopf.*
  *Mein Kinn, mein Knie, mein Kopf.*
  *Hei ho, hei ho.*
  *Mein Kinn, mein Knie, mein Kopf.*

- Berühren Sie Ihr Kinn, Ihr Knie und Ihren Kopf, wenn Sie die Wörter singen.
- Singen Sie eine zweite Strophe mit Finger, Fersen und Füße.
- Singen Sie eine dritte mit Händen, Hals und Hut.
- Dies ist eine wunderbare Spracherfahrung.

# Sag's noch einmal!

**9. bis 12. Monat**

# 119

**Was die Gehirn-
forschung sagt**
Wenn mit Babys
gesprochen wird,
fördert dies die
Entwicklung eines
guten Vokabulars.

- Babys ahmen Mitmenschen von Natur aus gut nach.
- Sagen Sie ein Wort, und ermutigen Sie Ihr Baby, Sie nachzuahmen.
- Wählen Sie Wörter, mit denen Ihr Kind vertraut ist, und beginnen Sie mit einer Silbe.
- Sie haben dies wahrscheinlich bereits getan, indem Sie es ge-
  lehrt haben: »Wie macht die Kuh?«
- Jedes Mal, wenn Ihr Kind wiederholt, was Sie sagen, loben
  und umarmen Sie es.
- Einige einfache Wörter sind Baby, Papa, Mama, Oma, Opa
  und Brei.

# Der Zahn-Reim

**9. bis 12. Monat**

# 120

**Was die Gehirn-
forschung sagt**
Liebesbezeugun-
gen Ihrem Kind
gegenüber wirken
sich positiv auf
dessen Gehirn-
verbindungen aus.

- Dies ist ein Spiel, das Babys lieben.
- Machen Sie Ihrem Baby vor, wie es seinen Mund öffnen und seine Zähne zeigen kann.
- Strecken Sie die Zunge heraus, und schauen Sie, ob Ihr Baby Sie nachahmt.
- Jetzt fahren Sie mit der Zunge über Ihre Zähne.
- Sagen Sie folgenden Vers:

  > *Vierundzwanzig weiße Pferde,*
  > (Zeigen Sie auf Ihre Zähne.)
  > *Steh'n in einem Stall.*
  > *Da kommt der rote Bulle.*
  > (Strecken Sie die Zunge heraus.)
  > *Und leckt sie alle.* (Fahren Sie mit
  > Ihrer Zunge über die obere Zahnreihe.)

- Sagen Sie den Vers erneut auf, und zeigen Sie auf die Zähne und Zunge Ihres Babys.
- Fordern Sie Ihr Baby auf, seine Zunge herauszustrecken und über die obere Zahnreihe zu fahren.

# Jack im Kasten

**Was die Gehirn-forschung sagt**
Bausteine, Kunst und Schauspielerei helfen Kindern, Neugier, Sprache, Fähigkeiten zum Lösen von Problemen sowie mathematische Fertigkeiten zu entwickeln.

- Dieses beliebte Spiel zeigt, dass Überraschungen Spaß machen.
- Ballen Sie beide Hände zur Faust, und verstecken Sie Ihre Daumen in den Fäusten.
- Bei den Wörtern »Doch, ich will« holen Sie die Daumen hervor.

  *Jack im Kasten ist ganz still.*
  *Willst du nicht herauskommen?*
  *Doch, ich will.*

- Helfen Sie Ihrem Kind, eine Faust zu machen, und zeigen Sie ihm, wie es den Daumen hervorholen kann.
- Sie können dieses Spiel auch spielen, indem Sie in die Hocke gehen und dann hochspringen.

# Kinderwagenspiele

**Was die Gehirn-
forschung sagt**
Mit Hilfe von PET-
Aufnahmen konn-
ten Wissenschaft-
ler feststellen,
dass der Teil des
Gehirns, in dem
Erinnerungen ge-
speichert werden,
im Alter von neun
bis zehn Monaten
voll funktions-
tüchtig ist.

- Gehen Sie mit Ihrem Baby nach draußen, sodass es seine Umwelt kennen lernt. Obwohl es viel zu sehen gibt, helfen Sie ihm, sich jeweils auf eine Sache zu konzentrieren.
- Schieben Sie es in seinem Kinderwagen, und bleiben Sie bei interessanten Dingen stehen, über die Sie sprechen können.
- Halten Sie bei einem Baum an, und sprechen Sie über die Blätter. Lassen Sie Ihr Kind die Blätter berühren.
- Suchen Sie nach Vögeln oder Eichhörnchen in den Zweigen.
- Sprechen Sie bei Ihren Spaziergängen jeweils nur über drei oder vier Dinge.
- Wiederholen Sie dieses Spiel mehrmals, wobei Sie jeweils auf dieselben drei oder vier Dinge hinweisen, bevor Sie neue hinzufügen.

# Bücher entdecken

**9. bis 12. Monat**

**123**

**Was die Gehirn-forschung sagt**
Die Sprachreise beginnt bereits in der Gebärmutter, wo der Fötus ständig dem Klang der mütterlichen Stimme ausgesetzt ist.

- Ihrem Kind laut vorzulesen, ist ein wunderbares Geschenk, das Sie ihm machen können.
- Babys interessieren sich für Bilder, die Form eines Buches, das Umblättern der Seiten und dafür, das Buch zu halten und zu berühren.
- Zeigen Sie auf ein Bild, und erklären Sie, was es darstellt. Wenn Sie mehrmals auf dasselbe Bild zeigen, lernt Ihr Kind den Namen des Gegenstands oder der Person.
- Fragen Sie Ihr Kind: »Wo ist das …?« Vielleicht wird es auf das Bild zeigen.
- Lassen Sie Ihr Baby die Buchseiten halten und umblättern. Solche Experimente sorgen für gute Sprache, Lesefähigkeiten und Zweisamkeit mit Ihrem Kind.
- Lesen Sie dasselbe Buch immer wieder vor.

# Der tägliche Einkauf

**Was die Gehirn-forschung sagt**
Das Vokabular eines Menschen wird zum größten Teil durch die Sprache festgelegt, die er in den ersten drei Lebensjahren gehört hat. Das Gehirn stellt sich auf die Laute ein, aus denen Wörter gebildet werden, und baut dann Verbindungen auf, mit deren Hilfe es die Laute wieder auffindet, wenn sein Vokabular größer wird.

- Es kann eine angenehme Erfahrung sein, Ihr Baby mit in den Supermarkt zu nehmen, wenn Sie das Ganze als Ausflug für Sie beide betrachten.
- Sie können folgende Dinge mit Ihrem Baby tun, während Sie im Supermarkt sind:
  - Zeigen Sie auf Bilder und Buchstaben auf Dosen und Kisten.
  - Zeigen Sie ihm die Nahrungsmittel, die es zu Hause isst und trinkt.
  - Gehen Sie in die Obst- und Gemüseabteilung, und erklären Sie Obst- und Gemüsesorten.
  - Geben Sie ihm einige Artikel, die Sie kaufen, damit es sie in den Einkaufswagen legen kann.
  - Beschreiben Sie die Nahrungsmittel, die Sie in den Wagen legen, als heiß, kalt, weich, hart, knusprig.

# Ein glückliches Gesicht

**Was die Gehirnforschung sagt**
Wissenschaftler haben herausgefunden, dass Kinder sich besser an Geschichten erinnern können, die starke Gefühle in ihnen wachgerufen haben.

- Ermutigen Sie Ihr Baby, seine Gefühle zu äußern, indem Sie Geschichten mit Gefühlen verbinden.

- Suchen Sie in Zeitschriften Bilder von lachenden und lächelnden Kindern heraus. Bunte Bilder eignen sich am besten.

- Kleben Sie diese Bilder auf Karton auf, und betrachten Sie sie zusammen mit Ihrem Baby.

- Sprechen Sie über die Gefühle, die auf den Bildern dargestellt werden. Ein glückliches Gesicht prägt sich Ihrem Baby ein und sorgt für neue Verbindungen im Gehirn.

- Betrachten Sie die Bilder mit den glücklichen Gesichtern gemeinsam mit Ihrem Kind, und singen Sie irgendein Lied, und lächeln Sie dabei.

# *Literaturhinweise*

Brinckmann, Andreas: So macht Babys Wasser Spaß, Reinbek: Rowohlt 2001

Falkenberg, Gabriela: Fingerspiele, Niedernhausen: Falken 1995

Hora, Sylvia: Spielen mit den Allerkleinsten, Niedernhausen: Falken 1999

Maag, Daniela. Lustige Spiele mit Kleinkindern, Niedernhausen: Falken 1998

Meinerts, Eva: Links ein Ohr und rechts ein Ohr, München: Goldmann 1999

Mogel, Hans: Psychologie des Kinderspiels, Springer 1994

Nitsch, Cornelia/Schelling, Cornelia von: Das andere Babybuch, München: Mosaik 1998

Nitsch, Cornelia: Babys liebevoll fördern, München: Mosaik 1999

Nitsch, Cornelia: Heile, heile ... Pusteverse ..., München: Mosaik 1998

Nitsch, Cornelia: Hoppe, hoppe, Kniereiter, München: Mosaik 1998

Nitsch, Cornelia: Lirum, larum, Fingerspiel, München: Mosaik 1998

Schutt, Karin: Mein Baby entdeckt die Welt, Niedernhausen: Falken 2000

Yelland, Anne: Mein Baby, München: Mosaik 1998

# Register

# Notizen

# Notizen

# Notizen

# Notizen

# KINDER UND ELTERN

16144

16159

16136

**Mosaik** bei GOLDMANN

# GUTER RAT
# VON DER ERFOLGSAUTORIN

16277

16228

16212

16317

**Mosaik** bei GOLDMANN

# HURRA, WIR WERDEN ELTERN

16260

16211

16261

16168

Mosaik bei GOLDMANN

# JEDER MENSCH KANN
# LEBEN LERNEN

16236

16171

16303

16284

**Mosaik** bei GOLDMANN